笔尖上的教育情思

张文业◎著

合肥工业大学出版社

图书在版编目(CIP)数据

笔尖上的教育情思/张文业著.—合肥:合肥工业大学出版社,2017.3
ISBN 978-7-5650-3321-6

Ⅰ.①笔…　Ⅱ.①张…　Ⅲ.①教学研究—文集　Ⅳ.①G420-53

中国版本图书馆CIP数据核字(2017)第065603号

笔尖上的教育情思

张文业　著　　责任编辑　疏利民　　特约编辑　孙南洋

出　版	合肥工业大学出版社	版　次	2017年3月第1版
地　址	合肥市屯溪路193号	印　次	2017年4月第1次印刷
邮　编	230009	开　本	710毫米×1000毫米　1/16
电　话	总　编　室:0551-62903038	印　张	14
	市场营销部:0551-62903198	字　数	204千字
网　址	www.hfutpress.com.cn	印　刷	合肥创新印务有限公司
E-mail	hfutpress@163.com	发　行	全国新华书店

ISBN 978-7-5650-3321-6　　定价:36.00元

自序

张文业

从教30年，我也进入了人生的知天命之年，一直想盘点一下自己写下的关于教育教学的思考与感悟文字，“清盘”时发现这些文字的时间跨度达25年，今天重读这些文稿，具有不一样的情感体验。为此，我决定在每篇文稿之后补写为之“情”的“动因”，为之“思”的“感悟”。这也是结集出版的价值所在。

为什么将文集定名为《笔尖上的教育情思》呢？现在是电脑和互联网时代，但是1985我毕业后成了一名教师时，一支笔就是我职业的利器，受科学史上冥王星的发现被誉为“笔尖上的发现”的启发，教育教学实践中的“情思”记录也是从笔尖上流淌而出，且平日爱好练习书法、绘画，与笔为伴，阅读、写作更是少不了用笔，就个人而言，我对笔有一种特有的情感，故而将结集出版的文集定名为《笔尖上的教育情思》。

本文集分为教育教学篇、课题研究篇、教法学法篇、教育随笔篇四个部分。文集收录的文章从20世纪90年代的《当前中学审美教育的理论思考》到今天的《课改的边界是促进学生发展》，时间跨度较大，2000年前的文章除了发表的有留存，其他已无从查找，这是一个缺憾。为此，依据记忆和获奖证书补写了“关于电教的补白之言”一篇文字。文集收录的大部分文章写就于2013、2014、2015年，那是因为2012年12月我入选为第二批“合肥教育家培养工程”培养对象，借助这一平台，我先后参加了南京师范大学、清华大学、华东师范大学、国家教育行政学院举办的高端培训班学习。我深切地感受到，每一次的培训都是人生的加油站，是激励教师实践自己教育信念的强大动力。其间也有意识地阅读了不少教育专著，正所谓“站在巨人的肩膀上”与高端人士“对话”，结合自己的教学实践，思考和行动的主动性和积极性被不断强化，这就有了写作的素材和激情。

本文集记录下自己从教成长的“脚印”，同时也把自己的焦虑、忧心和不成熟记录下来，或许可以作为同行的前车之鉴。与同道分享自己的成长经历，将自己的成长过程讲给别人听，也是最好的学习方式之一。

从教的第30年是教师生涯的重要节点，给自己的教育人生一个小结，为走向教育新的征程奠基。是为自序。

2016年5月9日

目　录

课题研究篇

教法学法篇

教育随笔篇

教育教学篇

当前中学审美教育的理论思考

【动因】此文发表于《安徽教育》1998年第5期。写作此文的时间应该是在1991年，当时我在上海教育学院（现并入华东师范大学继续教育学院）政治教育专业专升本学习，愿景是报考美学专业研究生，在阅读美学专著时有感而发写下此文，并向我省的《安徽教育》投了稿。然而，直到我1992年7月毕业，此文也未能发表，研究生报名的资格审查也未通过。

审美教育和德育、智育、体育、劳动技术教育一起作为党的教育方针明确提出，体现了审美教育的重要意义和其他各育不可替代的作用。如何搞好审美教育？这使我想起郑板桥画竹三过程："眼中竹、胸中竹、手中竹。"审美教育不也有与此类似的三个环节吗？

(1) 审美感受就似"眼中竹"，它不是自为的，而是能动的系统化。

中学教育长期忽视审美教育，致使一些教育工作者错误地认为审美教育是无须进行训练和培养的自为活动。审美教育被淡化成了节日，要么组织学生看场电影，要么在纪念日举行个歌咏会、朗诵比赛什么的，且不加定向指导，听任发展，流于形式，收效甚微。

爱竹的人，是否均可将竹入画，以物传情呢？这是不言而喻的。可见，审美教育是一项系统化的工程。爱美之心人皆有之，生活中的美俯拾即是，如何“拾”，这就涉及对美的感受。

审美感受是审美教育的基础和前提。训练和培养学生的审美感受应有计划性和目的性，将抽象潜在的审美感受融入其他各育，做量和质的处理，变无形为有形，在系统化中做具体处理。

(2) 审美趣味和鉴赏力（审美能力）就似“胸中竹”，是审美感受的内化积淀。

系统化的审美感受的训练和培养，只是审美教育的开端，其关键在于“眼中竹”向“胸中竹”的转化过程。即审美感受内化积淀为审美趣味和鉴赏力，这是个长期反复的教育过程。

“胸中竹”是“眼中竹”内化的反映，具有强烈的主观性。人有七情六欲，这是客观的，“一千个读者有一千个哈姆雷特”。这就是说，人的审美感受的培养是要变学生单纯器官为能欣赏“音乐的耳朵”和能感受“形式美的眼睛”，在感受中融入理性，使人的自由直观、自由感受的能力得到提高和塑造，培养出健全的人格，树立“新理性”。

“眼中竹”转化为“胸中竹”是一个长期的量变过程，是历史发展的内化积淀的产物。当前，我们的中学教育有正确的马克思主义世界观做指导，有党的正确教育方针和健全的政治思想工作相配合，要完成这个量变积累的过程是完全可能的。这就要求我们首先应确立审美教育不可替代的特有地位，制订出具体的、系统化的教育计划；其次，在教育实践中加以贯彻实施；再次，进行特定的量化考评。这样，关键性的一步走踏实了，审美教育的成效也就不难显见了。

(3) 审美创造就似“手中竹”，这是审美教育的根本目的和最终归宿。

学生在各科学习和实践活动中培养起来的审美感受，是零碎的、不完整的；内化积淀的审美趣味和鉴赏力，是松散的、微弱的。教育工作者如不及时进行巩固、强化、提高，学生的审美感受和审美趣味就会消失或被扼杀。故此，我们必须重视和实施审美创造。

技能运用。首先，要纠正“小三门无关紧要”的错误观念，加强中学音乐课、体育课、美术课的教育实践；其次，积极开展第二课堂活动，这是审美创造的重要途径；再次，智育、德育等相应的教学手段对审美创造具有不容忽视的作用。

劳动实践。俄国著名的美学家车尔尼雪夫斯基说“美在生活”，美在创造。劳动是人的第一需要，是按美的规律创造的。中学生只有在劳动实践中才能更好地将自己的审美观体现于审美创造，如劳动课、手工课、定期的勤工俭学都是十分必要的，是学生全面发展所不可缺少的。

（4）审美感受、审美能力、审美创造和“眼中竹、胸中竹、手中竹”一样，它们不是割裂的单向活动，而是互相联系的双向活动，体现了审美教育的长期性和反复性。

审美感受的系统化训练是审美能力、审美创造的基础和前提，审美能力是审美感受和审美创造的桥梁，审美创造使个体的审美观得以最终实现。三者紧密联系、不可分割的关系表现在“肯定一否定一肯定”的辩证关系上。审美创造是审美能力的表现，是对审美感受的肯定、提炼和审美感受的辩证反馈。教育工作者在此运行过程中，及时加以正确引导、修正，随着运行的反复，坚持不懈，“新理性”就会确立起来，审美教育就会得以实现和完成。

让我们共同来创造一个和谐的审美教育氛围吧！

【感悟】 此文是我1985年从教以来，写的第一篇专业论文，它有着很多故事。第一，如同时下流行的电视比赛的“复活”一样，时隔6年多，此文在《安徽教育》1998年第5期上发表了。这时，我从1992年毕业后调入肥东一中任教高中政治已快满两届．样刊寄到了我原来的工作单位——肥东县高亮农技校，是同事将样刊转交于我。第二，由于此文与我从教的政治学科关联不大，加之我在带毕业班课，又是我带班主任的首届，拿到样刊，看到自己的论文变成“铅字”，欣喜过后也未太在意。然而，出乎意料的是，随后我收到了中国海洋大学一位退休教授的来信，信中他就中学审美教育问题和我进行了探讨，之后，我和他书信往来了一年多的时间，他的来信在我们政史地教研组搬迁中被我当作废纸处理了，现在想来，心中悔意多多。在此，我真诚地向这位老教授祈福！第三，走到今天，我写过很多文章，也发表过多篇论文，我的感受是，能发表的论文是期刊编辑从专业的角度予以了肯定，并认为在一定的范围有传播和推广的价值，这当然好，但是，未发表的论文未必就没有价值。对教师而言，要专注于写作，写作是思考和行动的桥梁，我还是信奉“阅读使人丰富，写作使人严谨”这句话，一直写下去，发表论文也就是水到渠成的事了。

外币 外汇 汇率

【动因】此文发表于《中学政治教学参考》1994年第3期，这是我1992年8月选调到肥东一中任教高中政治后，就政治学科教材知识点的辨析写下的，也算是学科教学论文的首次发表。

一、外汇不等于外币

外汇是一个国家持有的外国货币及以外币表示的可用以进行国际结算的支付手段，通常包括外币以及外币表示的信用工具和有价证券，如银行存款、商业汇票、外国政府债券和长短期债券，以及其他可以取得外国货币的债权等。

外币是除了本国货币以外的其他国家货币的总称。并非所有的外币都是外汇，只有当某一外币被用来作为国际结算的支付手段时才成为外汇。外币包括外汇，但外币不等于外汇。

二、汇率与币值

汇率是指一个国家的货币与另一个国家的货币的比率或比价，即以一国货币表示的另一国货币的价格。折算时要先确定以哪国货币为准，因不同的标准分为两种标价方法，直接标价法和间接标价法。

美国和英国采用间接标价法，它是指用一个或一百个本国货币为标准折合一定数量的外国货币。而我国则采用直接标价法，即用一个或一百个外国货币单位作为标准折合成一定数额的本国货币。例如：1992 年 6 月 12 日，100 美元折合 532.96 元人民币，100 英镑折合 981.19 元人民币，这就是美元、英镑对人民币的汇率或汇价，即美元、英镑的人民币价格。目前，世界上除英、美外的所有国家都采用直接标价法。

汇率变动的因素是多方面的。其一是币值，币值过去主要指含金量(可兑多少黄金)，现在主要指货币在本国的实际购买力；其二是供求关系。一般来说，汇率是由供求关系决定的并常常背离币值。

【感悟】现在看来，发表这篇“豆腐块”文字，有点不足为奇，但它激发了我写作的兴趣，培养了我敢于投稿的意识，为我以后论文的发表奠定了基础。其实，得感谢《中政参》的编辑，一是此前也多次投稿，但未能变成“铅字”，二是由于首次发表文章，高兴之余，将自己的底稿与杂志上的文字相比对后，发现编辑对我文章的文字进行了不少修改，这令我十分感动。当时的感悟之一是，投稿的文章要锤炼好语言。这使我想起“阅读使人丰富，写作使人严谨”这句话的精妙。

浅析失业

【动因】此文发表于《中学政治教学参考》1994年第9期。由于受到《外币　外汇　汇率》发表的鼓舞，我又投出了此文，并坚定了我一直写下去的决心。

由国家统计局2月28日发布的《关于1993年国民经济和社会发展的统计公报》正式宣布，1993年"年末城镇失业率为2.6%"，这是我国首次向公众发布失业率。所谓失业，是指一定时期劳动者脱离于生产过程，不能取得正常报酬，也就是通常说的失去工作或劳动机会。失业率就是指一定时期失业人数与劳动者总数的比率。我国现阶段失业的存在，主要原因是：

(1) 在转换企业经营机制的过程中，由于产业结构和产品结构的调整，从事原行业的劳动者不可能全部进入新的产业部门，从而造成"结构性失业"。

(2) 在社会主义市场经济机制确立和不断完善过程中，由于价值规律和竞争机制的作用，实行竞争就业和效率优先的原则，会使部分企业破产倒闭而形成"团体性失业"。

(3) 由于科学技术的进步和先进设备的使用，出现机器替代手工劳动的趋势。一方面，劳动力数量需求减少；另一方面，对就业人员素质提出了更高的要求，加大了就业难度，从而造成“需求性失业”。

(4) 我国人口众多，劳动力资源丰富，农村尤其突出。近年来，由于农村剩余劳动力转移速度加快，社会生产的增长滞后和建设资金的投入不足，社会没有能力将劳动力全部吸收消化，形成“潜在性失业”。

尽管我国现阶段存在一定数量的失业，但也应当看到，在拥有13亿人口的中国能将失业率控制在2.6%如此低的程度，已是相当不容易了。而且我们还应当看到，社会主义社会的失业与资本主义社会的失业有着本质区别。

第一，体现的社会性质不同。资本主义社会工人的失业是资本家阶级为获取剩余价值导致的，是资本积累的必然趋势。社会主义的失业是劳动力在一定时期内供给与需求之间矛盾的表现，它体现了社会主义劳动力的合理调节关系和人民内部利益差别的分配关系，并且劳动者即使失业也没有失去对生产资料的所有权。

第二，存在范围和程度不同。资本主义社会的失业是一种普遍现象。社会主义条件下，国家可以通过经济、法律、行政等多种方式进行宏观调控，建立健全就业制度，创造就业机会，这会使失业数量和失业时间控制在较低水平。

第三，失业的境遇不同。资本主义社会工人失业后，除了领取一定数量的救济金外，寻找工作完全是个人的事，绝不会有谁来关心你，这是一切以金钱为中心的资本主义道德观决定的。社会主义企业的职工失业，不仅可以享受失业保险金，而且政府部门还会从各方面关心职工，为他们创造各种条件进行就业培训，广开就业门路，使失业变成充分挖掘劳动者潜力、提高劳动者素质的机会和过程。

为此，我们要从兼顾改革和稳定的思想高度，正确认识和处理社会主义条件下失业这一客观问题。我国现阶段公布失业率，不是对社会主义市场经济的否定，相反，客观地认识和有效地处理这一现象，将有利于社会主义市场经济的健康发展。

【感悟】1992 年 8 月，走上高中政治课教学的讲台尚不满一届，一年两发论文，对于当时的我来说，实属不易。现在看来，尽管论文的分量不重，专业水平稚嫩，但这对我以后的专业成长的路径有了很大的影响。且行且思，勤于动笔，成了我专业发展的新常态。

『真理是客观的』表述值得商榷

【动因】 此文发表于《中学政治教学参考》2010年第3期。说是论文，其实应该是教学反思。记得是2009年4月23日晚坐班，在教室里写的初稿，后录入电脑，再修改定稿，然后就投给了《中学政治教学参考》。

普通高中课程标准实验教科书《生活与哲学》(人民教育出版社，2008年3月第3版）第二单元第六课第二框第一目（第49页）“真理是客观的”表述是不科学的。笔者认为，应表述为“真理是客观性的认识”。其理由如下：

(1) 教科书将真理定义为：“真理是标志主观同客观相符合的哲学范畴，是人们对客观事物及其规律的正确反映。”不难看出，真理的定义明确将真理定位为主观范畴，而非客观范畴。

(2) 教科书同时指出，真理作为正确的理性认识“是具体的、有条件的。任何真理都是对于特定的过程来说的，都是主观与客观、理论与实践的具体的历史的统一”。这也明确了真理本身是主观的，不是客观的。

(3) 教科书对真理进行扩展性描述指出，“追求真理是认识运动反复性和无限性的过程，真理需要在实践中检验和发展”，实践是检验真理的唯一标准。这都告诉我们真理属于社会意识的范畴，而非社会存在的本身。

(4) 编者设定“真理是客观的”，可能是基于真理最基本属性的考虑。教科书指出：“真理最基本的属性是客观性，即真理面前人人平等。这是由于人们的立场、观点和方法不同，每个人的知识结构、认识能力和认识水平不同，对同一确定对象会产生多种不同的认识，但其中只能有一种正确的认识，即真理只有一个。”但笔者认为，“真理的客观性”与“真理是客观的”不是同一命题，更不能混为一谈。

(5) 从《生活与哲学》知识逻辑体系和高中学生的认知水平来看，将“真理是客观的”修订为“真理是客观性的认识”要更妥当、更贴切些。否则，有可能会导致学生对哲学两大类现象——物质与意识（社会存在与社会意识）认识的混乱，根本上不利于学生对真理真谛的把握，甚至会误导学生对真理的盲从。

(6) 将“真理是客观的”修订为“真理是客观性的认识”，这不仅符合真理是社会意识范畴的价值定位，而且也突出了客观性是真理最基本属性的要求，同时也与教材的知识逻辑体系相吻合，更符合高中学生的认知水平，深化学生对真理与谬误关系的认识，深刻领会真理的条件性。

综上所述，笔者认为，作为中学教科书的条目，“真理是客观的”表述定位不准确，易误导学生，修订为“真理是客观性的认识”更合适。

【感悟】 晚上坐班能潜下心来写点东西，已经成为我的生活习惯。将自己教学实践中的点点滴滴，及时记录下来，然后进行必要的修改完善，并按照一定的格式处理，就可以成为一篇论文。此文的写作过程就是如此。这里还涉及“教教材”与“用教材教”的关系问题，教师对教材的深度把握，更有利于促进教学效果。

分层抓 整体上

【动因】此文发表于2004年3月8日的《肥东报》。这是一篇班级管理的论文。1992年我调入肥东一中任教高中政治，1995年8月起担任班主任，到2004年已带满三届学生，且连续三届带出县高考文科状元（李震峰、王金林、王荣荣）。班主任工作积累了一定的经验，如同发表专业论文，我心中一直想将班级管理方面的论文变成“铅字”，最终就有了这篇发表的论文。

高三的最后一学期是学生迎战高考的关键时期。在班级管理方面，班主任工作的力度和行之有效的管理是最终取得高考全面胜利的重要保证。笔者结合自己所带文科班班主任的实践体会认为，本期工作的重点在于切实抓好分层管理，着眼于整体提高。

一、针对优等生的自傲心理——创设奋进点

文科班在各校的大致情况是班级少，学生成绩总体上比理科班学生弱，这种现实特点决定了文科

班学生的受比范围相对狭小，这容易造成成绩优秀的学生过于张扬，甚至自傲。殊不知，山外有山，作为选拔性考试的高考是在更大范围内进行选拔和筛选，目光短浅，胸无大志，必将使优等生难以脱颖而出，甚至抱憾终生。为此，班主任可用提醒的方式，时常与他们交谈，在肯定其成绩的同时，帮助他们更新观念，创设新的奋进点，鞭策他们，激其奋进。

二、针对中等生的无为心理——开启动力点

文科班的中等生所占比例较大，这是文科班发展潜力的希望所在。但是，长期以来，由于受“文科学生考上本科的是少数人”的误导，在中等生中不同程度地存在今年本科无望、来年再战的消极无为心理，这就大大制约了中等生的发展。为此，班主任平时对中等生要多加关照，切忌不温不火地泛泛而谈，而要注意对他们的思想状况和行为表现进行细致观察，抓住有利时机，有针对性地击其一点，用班主任的热情去点燃中等生的希望之火，促其猛醒，让其思而奋进。

三、针对双差生的自卑心理——挖掘闪光点

文科班的双差生相对于理科班要多一些，在这部分学生中不同程度地存在自卑心理，这种气氛的弥漫不仅不利于这部分学生的自身发展，而且也不利于良好班风、学风的形成，具有极大的离心作用，其负面效应不可低估。为此，班主任要沉下去，与双差生打成一片，从他们生活的细节中挖掘出闪光点，不失时机地给予肯定或表扬，促其奋进。

四、针对高考无望学生的自弃心理——激发内燃点

随着时间的推移，必然有一部分学生认识到高考获胜的希望越来越小，这种无望情绪往往会引发其自弃心理，他们在学习上处于游离状态，行为上也可能会出现一些怪异。为此，班主任要在充分了解他们实际情况的基础上，用单独谈话的方式，使用纵横对比的方法，使他们认识到，在自己原有基础上的点滴积累和很小的进步，对来年继续复读或未来步入社会，都是一种更好的选择，激发他们的内燃点，逼其奋进。

综上所述，作为班主任，特别是文科班班主任，在高三最后一个学期努力抓住问题的关键，善于捕捉学生的心理变化，有针对性地分而治之，必将对班级整体的提升产生积极的影响，为高考能取得全面胜利，提供强有力的保证。

【感悟】其实，班级管理方面的论文写过多篇，2004 年我带的高三（6）班获得合肥市先进班集体，本人获得优秀班主任荣誉称号后，我在学校班主任培训会上也做过主旨发言，介绍班级管理经验。说来感到遗憾，有关班主任工作的论文发表的仅此一篇，级别也不高，而我心仪的权威期刊当属《班主任之友》，我也不止一次投稿，但未能如愿发表。与我发表多篇的专业论文相比，反差不小，未能实现“比翼双飞”，这是我教育教学生涯中的不完美。

班主任工作要诀：借鉴、实效、特色

【动因】 如前文所述，政教处要出《班主任工作论文集》，记得时任政教处主任的陆再勤，嘱我在暑期的班主任培训会上做班主任经验介绍，于是我将自己不同时间写下的关于班主任工作的文字整合为这篇《班主任工作要诀：借鉴、实效、特色》。

想来我当班主任已有十多年，值此校政教处征集论文汇编之际，回顾十多年的班主任工作生涯，我的最大感悟是：借鉴、实效和特色。

他山之石　启迪思路

班主任工作是一门艺术。自己摸索、按部就班地开展工作是不够的，学习和借鉴他人的成功经验，对提高班主任工作的水平将大有裨益。比如：我在研读魏书生《班主任工作漫谈》一书时，就深受启发。

一方面，这本书引发了我对班主任工作的理性思考。魏书生能在有限的时间里（他既当校长，又任班主任，还带两个班的语文课）使自己的班主任工作做得如此出色，除了他有得力的班委会和广大同学的积极支持和配合外，重要的是他能民主带班，面向全体学生，从点点滴滴的小事做起。长期以来，整个班级乃至每个学生都逐步进入一种秩序，步入良性循环，班风、民风、学风占据主导地位。换言之，他的每一种做法看似孤立，实为一个整体，别人想跟着学不易，但不是说他的经验不可学，而是说他的经验要循序渐进地学，有选择地、结合本班实际去学，反之，将事倍功半。

另一方面，魏书生在这本书中提到的一些好的班主任工作做法，无形中也就融入我自己的班主任工作之中。在实践中，第一，我将魏书生的忌“三闲”（闲话、闲事、闲思）与我自己学生的坚持记周记嫁接在一起，要求学生在周记中小结自己，说说一周来自己闲话说了哪些，闲事做了几桩，闲思费时多少，促使学生在自省中奋进，在奋进中遏制“三闲”。第二，学生犯错是常有的事。作为班主任，对学生进行口头批评或是要求学生写书面检查也不少见。魏书生的办法更多的是要求学生写说明书，而不是写检讨，他要求学生在写说明书时要突出“两个自我”（不愿犯错的我，犯错的我），以达到在写说明书的过程中进行自我心理调节、提高认识、改正错误的目的。这一点我在班主任工作的实践中也已借鉴。这一做法能有效地促成问题的解决。第三，魏书生立足于班级管理的科学化，但他更敢于用特殊的甚至令人惊讶的方法来管理班级。比如：他在班级要求学生投票选举“闲话能手”。作为班主任，我们都有这样的体会，自习课没有班主任或任课老师不在场时，学生窃窃私语甚至大声喧哗是常有的事，如何有效地遏制混乱状态，选举“闲话能手”不啻是一颗重磅炸弹。这一点我也做了尝试。总体上说，效果不太理想，但这毕竟在走群众路线，加之有选举做基础，这样，班主任能有针对性地进行个别谈话，其说服力大大增强了。

正如魏书生所说，青年教师、班主任要勇于挑重担，敢于探索，自我加压，成功在于努力，成功在于奋斗。我们当教师、做班主任应认识到自我继续教育的重要性，把读专著的思与行结合起来，不断提高自己的理论水平和教育实践的能力。

小处入手　做出成效

班主任工作非常重要，这不必多说。如果班主任仅仅成为学校各职能部门具体事务的传声筒和被动的执行者，是远远不够的，也很难做出成效。从小处入手，面向本班实际，扎实有效地开展工作，收效会更大。比如：要求学生坚持记周记（尤其是在刚刚组建班级的起始年级段），就是从小处着眼，做出成效的好形式。因为，班主任要随时掌握班级发生的大小事情，了解学生的思想动态、困难和要求，并及时予以妥善处理，进而成为学生的知心朋友，搞好班级工作，周记就是不可多得的好帮手。

第一，周记是师生心灵沟通的桥梁。现代中学生，由于学习时间紧，课业负担重，心理压力大，他们很难做到面对面地与班主任进行思想交流，况且，思想交流还需要一定的氛围做准备，借助周记这种书面的形式，多数学生都能与班主任敞开心扉地进行交流。这样，班主任就可以利用周记作为师生联系的桥梁，不断化解学生心中的情结，让学生及时调整好自己的情绪，迅速投入学习。

第二，周记是学生困难和要求的传声筒。说实在的，现在的中学生你要叫他们当面向班主任反映自己有什么困难和要求，这并不容易，但他们乐于在周记中向班主任反映哪怕是平时可能容易被忽视的小事。实践中，我的学生在周记中写道，老师，连日来我因某事的影响，情绪一直不好，请指点迷津；也有的同学写道，老师，最近我的某门课学起来很吃力，不太适应，您有何良策；还有的同学写道，班主任，我是借读生，住宿问题一直困扰着我，能否帮助解决……通过周记，学生及时反映了自己的困难和要求，他们渴望班主任予以协助解决，重要的是，问题解决的过程就是师生相互走近的过程。

第三，周记是班主任手中的加油器。班主任同时又是教师，有自己的教学任务，甚至还有一些其他事务，如何省时省力地去分类指导学生，为每个学生鼓劲、加油，周记就是班主任手中的加油器。班主任可以利用手中的笔，根据学生的不同情况，用简短的评语达到激励学生的目的。我在学生的周记中写过“学贵于恒”“就这样干下去”“入学的方式有多种，但结果只有一个”“走出自我，前面是一片蓝天”“保持特色，突出个性”……这些看似简单的话语，其效果是明显的，作用是积极的。

第四，周记是班级管理的“点子公司”。班级是每个同学组成的有机整体，班级的管理需要每位同学的参与。周记就如同“点子公司”，只要你能调动大家出点子、提建议，集众人智慧，就能树民主新风，有效地管理好班级。比如在实践中，就如何合理地排定座位、男女同学之间如何正常交往、如何摆正学习和上网的关系等较为棘手的问题，多听听学生的意见，那么，班主任在班级的管理上就会多一些主动，管理的效果也会更好一些。教育改革家魏书生说过，“日记是道德的长跑”。我认为周记也不例外，它是我们开展班主任工作的有效载体。

敢于创新　突现特色

卓有成效的班主任工作必须有其特色，而特色的体现和原动力来自于创新。注重培养自身的创新意识和实际工作的创新能力是班主任开展班级工作的重要一环。坚持创新，敢于创新，才能使班主任工作常做常新。比如：上学期班会时间，我们除完成学校布置的主题班会和常规教育外，尝试进行学生讲演活动。活动的目的是锻炼学生的能力，加强学生的自我教育。我们把这次活动定位为讲演而不是演讲，主要是让学生开口说话，重在讲。

第一，我们的要求是：①讲演的内容可以是故事，也可以是带有哲理性的散文；②材料由学生自由选择，但所选材料必须是积极向上的、对同学有所启示的；③自选材料讲完后，再结合实际，对所讲的内容做简要点评；④人员由学生自荐，每次 2 人；⑤讲演的效果，到期末时由学生自己总体评价，评出优胜者。

第二，我们的具体做法是：①9 月 8 日在班会上提出，随后就确定了 2

名同学作为下次讲演的人选，并要求他们做好选题的准备；②次周的 15 日班会课时，2 名同学依次走上讲台进行讲演，并联系实际对自己讲演的内容进行针对性的点评，班主任和全班同学做到认真听讲；③之后，再确定下次讲演的 2 名同学，以后就按此类推。这学期我们共进行了 13 次这样的活动，有 26 名同学走上讲台，展示了自己的风采。值得一提的是，王同学以“位卑未敢忘爱国”为题的讲演，尽管这是一个老话题，但她声情并茂的讲演深深地打动了每名同学，她自己也激动地流下了眼泪。她的讲演刚一结束，同学们就报以热烈的掌声，期末总评时，她的讲演被同学们评为优胜奖。12 月 30 日班会时，我们将 26 名同学的名字和他们讲演的题目一起抄在黑板上，全班同学通过无记名投票的方式，选出优胜奖 6 人。其中，何同学获一等奖；薛同学、孙同学获二等奖；王同学、张同学、何同学获三等奖。在 2003 年 1 月 6 日的班会上，我们举行了隆重的颁奖仪式。

第三，我们的体会是：这学期利用班会时间进行的讲演活动，总体上达到了预期的效果。但也有一些缺憾，如：①有的同学虽能踊跃地报名参加，但准备不够充分，讲演的内容缺乏针对性；②由于周次和每次的人数有限，还有一部分同学没能获得上台展示的机会；③到学期结束时再进行总评，时效性不强，激励效果和竞争力打了折扣。

不难看出，利用班会课时间进行讲演，我们在具体操作上还有进一步完善的地方，但其特色形式和创新内容却深深地感染了学生。

综上所述，加强班主任工作的理论学习，借他山之石，拓展自己的工作思路；注重实效，从本班实际出发，从小处入手，打造持续效果；与时俱进，不断创新，走出班主任工作的新路子是我们永恒的追求。

【感悟】此文中“且行且思”的做法，深受当时正在阅读的《教育改革家——魏书生》一书的影响。从整理的时间——2003 年 4 月来看，我阅读专著是无意识的、不持续的，也是缺乏人引领的，这是一个缺憾。现在看来，若是持续的、有意识的、有人引领的，或是有团队的合作，那么，后期定会有更大的收获。

做一个优秀的班主任，“对学生负责，就应该为爱而严格，更可以为爱而包容。教师要用大度化解学生的叛逆，用宽容为他们构筑成长的空间，永远不要把学生逼到墙角。”① 北京师范大学天津附中党委书记袁滨渤经常对教师谈及“四个牢记”，“牢记学生是成长中的人，既能教育他，又能宽容他；牢记学生是有个性的人，既能引导他，又能尊重他；牢记学生是有能力的人，既要给予舞台，又要给予辅导；牢记学生是有差异的人，把差异当成教育资源。”② 这对于我们做好班主任工作同样有积极的指导意义。

---

① 李仁刚．永远不要把学生逼到墙角．人民教育，2013（21）：30.

② 任国平．“影响力教师”袁滨渤．人民教育，2013（19）：5.

关于电教的补白之言

现代信息技术在当下课堂教学中的使用已成为常态，然而，回望20世纪90年代，电教在教学中的应用处于起步阶段，是从自制幻灯片、使用投影仪开始的。

我是较早在起步阶段使用电教手段辅助教学的，当时的热情很高，制作了大量的幻灯片和电教课件，写下了多篇电教论文，令人遗憾的是，由于当时没有电脑的存储，这些资料只能成为现在无法使用的一张张磁盘，现在能看到的是当时拿到的荣誉证书。

我撰写的《浅谈投影仪在政治教学中的应用》在1996年合肥市电教论文评选中被评为二等奖，这是我电教论文的小试牛刀，依稀记得当时市局还邀请获奖教师参加颁奖会，奖品是一个不锈钢大茶缸，我用了多年。有意思的是，当时在颁奖会上，合肥市一所学校的领导就向我伸出橄榄枝，问我是否愿意调到他们学校，为这事我还天真地和学校分管教学的副校长商谈此事，但最终无果而终，人生错过了一次发展的机会。

受此鼓舞，第二年我又写下了《试论电化教学与传统教学的优势互补》，这在1997年全市中小学电教论文评选中荣获一等奖。与此同时，我结识了市电教馆的陈姓负责人，她是一位年届退休的老太，她很赏识我，并推荐我的论文参加华东城市电教研究会年会论文评选，还获得了优秀论文奖。就该论文的修改与完善，她提出了一些意见，我心存感激。更重要的是，她激励我在电化教学中更加努力。

随后县举办第二届“教坛新星”评比，当时赛课的内容是《实践对认识的决定作用》，就“实践是主观见之于客观的活动”这一难点，我自制“桥”的幻灯片辅助教学，令评委们眼前一亮，纷纷点赞，最终我获得了本次赛课的第一名。事后我将这次赛课的课件送市局参评，获2000年合肥市计算机辅助教学课件评选二等奖。次年，我撰写的论文《巧用CAI破难点》在2001年合肥市电教论文评比中再获二等奖。

进入2000年，我又学会制作PPT，攻坚Flash，不断挑战自我。我用Flash软件自制了“国家宏观调控”的动画，收到了良好的效果。该课件在2002年合肥市计算机辅助教学课件评比中获得二等奖，依托这一课件，2003年我赢得了合肥市高中政治优质课评选一等奖、安徽省二等奖。

当下，现代信息技术在课堂教学中的运用已相当普遍，年轻教师的表现也越来越突出。由于主观认识上出现了偏差，我的热情逐渐淡去，这是缺憾。2010年我获得首届合肥市高中政治学科“骨干教师”称号后，于2011年暑期赴东北师范大学培训，获知教育部信息研究中心与东北师范大学联办的第九届全国高中信息技术与课程整合大赛将于12月在海南中学举行。这重新点燃了我的热情，回校后，我按要求报了名，同时积极准备，12月赴海南参赛，我的《在文化生活中选择》一课获得本次比赛一等奖。该课录像在全省优秀教学录像课活动中作为精品课，收录在安徽基础教育资源网和安徽教师工作室供全省师生观摩学习。

亲历电教一路走来，有苦，有甜，有收获，我当继续努力！

构建高效课堂教学的思考与实践

【动因】2011年7月8日至18日，合肥市教育局为首批“骨干教师”举办了现代型中学骨干教师高级研修班培训，地址选在东北师范大学，我参加了这次学习活动。其间聆听了专家、教授的精彩授课，使我近年来一直在思考的一个问题变得更加清晰起来，深化课程改革，促进学生发展，必须从优化课堂结构开始，构建起高效课堂教学才能将课改落到实处。于是就有了此文的写作。

2011年7月8日至18日，本人有幸参加了合肥市教育局在东北师范大学举办的现代型中学骨干教师高级研修班。聆听了专家、教授的精彩授课，使笔者近年来一直在思考的一个问题变得更加清晰起来，虽然教师在努力转变观念，优化课堂结构，深化误程改革，但对于学生的整体发展或学生个体的特长发展收效不大，这是为什么呢？原因可能有很多，教师在教学中忽视学生的有效学习是重要原因之一。

一、现状分析

（一）重课堂轻课下

思想政治课作为文科科目，其教师的主要精力放在课堂教学上，教师对学生的课前准备、课后作业的布置和检查多流于形式，重课堂轻课下，直接导致学生疏于及时巩固，有效学习效果大打折扣。

（二）重完成教学任务轻学习过程

思想政治课教材容量与学校课时安排的不匹配，使很多政治课教师为了赶进度把完成教学任务放在首位，淡化了对学生学习过程的引导，重完成教学任务轻学生学习过程，必将导致学生有效学习效果的下降。

（三）重知识传授轻能力培养

以上两点的惯性作用，导致多数政治课教师在教学过程中只注重知识的传授而忽视对学生进行政治学科能力的培养，进而导致学生有效学习效果不佳。

二、教学反思

从阶段性检测平行班成绩的比对这一视角我们不难发现，专业性很强的教师与新教师所带班级的人均分或有效达线人数的差别并不是很明显，即专业性很强的教师的优势未能体现出来。这一现象至少折射出一个问题，那就是教师的优势未能转化为学生的优势。简言之，我们要反思的是，课堂教学的有效性未能落到实处。

有效学习是指学生在教师的指导下，获得了预期的、应有的发展。预期的发展是指达到课程标准的基础性目标，应有的发展是指每个学生达到各自的能力水平和个性特长的发展性目标。有效学习的关键是在教师的引导下，充分发挥学生学习的主动性、积极性和创造性。有效学习是有效教学的具体化，是从学的角度衡量教的有效性。为此，避免以上“三重三轻”现象，切实提高政治课的教育教学质量，必须强化学生的有效学习，这不仅是推进课程改革的要求，更是学生发展的要求。

三、实践做法

下面，笔者结合高三政治课的复习备考谈谈提升学生有效学习的做法。

（一）帮助学生树立正确的学习观——学以致用

新课程改革坚持以学生发展为本的理念，学生学习知识是为了更好地认识世界和改造世界，学以致用是教学的归宿和落脚点。有效学习要求教师要立足于培养学生终身学习的能力，帮助学生树立起“我要学”的正确学习观。例如在关注时政热点复习中，我安排了“课前 5 分钟时事述评”活动。刚开始时教师要事先布置好选题，指定好人选，渐渐地有学生主动请缨，选题的范围也逐步扩大，而且也进一步贴近了学生的生活，选题的内容不仅有国内外重大的时事，更有学生自己关注的、迫切想进一步了解的重大时事及背景新闻。经过相互合作，相互比拼，课前 5 分钟的时事述评做得越来越精彩。这一变化发展的过程充分说明学生树立了正确的学习观，学生自主学习的能力也在不断提高。

（二）引导学生转变学习方式——打结织网

在“我要学”的基础上引导学生转变学习方式，强化“我会学”。例如在高三复习中教师要求学生学会将四个模块的知识点“打结织网”，构建知识网络，抓住知识点间的内在联系。在明确复习目标的前提下，教师不再大包大揽，而是提出单元学习主题，由学生根据自己喜欢的方式进行自主性学习，用个性化的方式（如：写出主干知识点、串接知识链、拟定专题、搜集背景材料等）展示自己的学习过程。比如 H 学生对唯物论的知识点做如下串接：世界的本原是物质—物质是运动的（存在方式）—物质运动是有规律的—规律是客观的—人们可以认识和利用规律（可知论）—既要尊重规律又要发挥人的主观能动性（正确态度）；Z 学生对不同模块知识点的理解串接：经济学国家的宏观调控就是政治学政府履行经济职能和社会公共服务职能。

（三）引领学生提升学习能力——授之以渔

新课程“三维”目标中，能力目标是最重要的着力点，且高考以能力立意为考查重点，这要求教师在高三复习中强化学生有效学习，必须引领学生提升学习能力，“授之以渔”。以题型归类为例，通过相同或相似题型的比对分析，让学生在感悟中抓住不同题型的解题要领。比如：（1）图表题：使用标题、分析内容或结构（突出重点）、小注“不小”（不忽视）、点明现象背后的本质、组织答案先总后分；（2）材料题：①明确模块知识；②仔细审题；③分清原因、意义、作用、措施、体现、依据、影响、分析说明、解决办法、提出建议等答题侧重点；④做好“包装”（学科原理要用准写足）；（3）辨析题：①正、误两面分析；②找出辨点（即辨析空间），写明理由；③做出判断；④凸显辩证思想；（4）哲学题：（蕴涵/体现类、依据/原因类、启示类等）①字面解读，贴“标签”（转化为哲理）；②语意连贯，整体判断；（5）探究题（要点/提纲类、建议类、启示类等）：①紧扣探究话题；②还原成“普通”题；③答案要点要写实。

（四）强化督察和信息反馈——宽严相济

课堂教学是实施有效学习的大舞台，课后跟进也是有效学习的重要支撑点。在高三复习教学中，由课堂向课后延伸，教师要强化对学生学习的督察，做好学习信息的沟通和反馈，进而提升学生有效学习的效果。对学生自主学习的督察要“宽”，例如在做课前 5 分钟的时事述评的选题上、模块知识网络的构建上、题型归类的特点呈现上，鼓励学生多元化，关键是督察学生及时有效地完成；对学生不良信息的反馈要“严”，例如教师在试卷分析时，要将选择题的错误率向学生进行反馈，不求题题分析，只对代表性题目进行深度解析。将非选择题的失分率情况向学生进行反馈，注重讲解典型性和前瞻性的问题。同时，教师要求学生对照失分较多的题目在近年来的高考试题中找到相类似的题目再做，在反复中强化，在强化中提高。督察与反馈的“宽严相济”，既保证学生达到基础性目标，又能较好地实现发展性目标，从而把有效学习落到实处。

（五）建构师生交流平台——留有余地

在有限的课时内完成教学任务是对教师的起码要求。教师一节课讲得满满当当，教学效果肯定不是最佳，且与新课程改革的要求也是相悖的。一节课教学应该“留有余地”，高三复习课更应如此。学生发展性目标的实现需要培养创新精神，创新精神的培养源于问题意识。在课堂教学中“留有余地”，构建师生交流的平台，引导学生提出问题，鼓励学生质疑，发表独到见解，在交流中深化对知识的理解，在答疑中发现学生的需要，在弥补“短板”中提高教学效果和学习效果，做到教学相长。例如在复习经济学计算题归类时，C学生发现并提出，都是物价上涨了，为什么通货膨胀率和货币贬值率的计算方法是不一样的？二者的关系是怎样的？在表扬C同学的同时，我找了对应的两道高考题进行解析。在复习认识论时，S学生发现并提出“真理是客观的”（教材第二单元第六课第二框第一目，第49页）的表述是不科学的，应表述为“真理是客观性的认识”。在肯定S同学的同时，我引导他和其他学生一起在教材中寻找理论依据。

参考文献

[1] 王建军，吴刚．课程变革与教师专业发展［M］．成都：四川教育出版社，2006.

[2] 马英志．影响中国教师的30部外国教育名著［M］．长春：东北师范大学出版社，2010.

[3] 吕纯志．教师工作方法创新案例集［M］．长春：东北师范大学出版社，2010.

[4] 刘新海．教师信息化素养提升技巧［M］．长春：东北师范大学出版社，2010.

【感悟】我对学生的有效学习策略、构建高效课堂教学以及我一直关注的智慧教学的思考和实践从未间断。近年来，关于以上话题我是有思考，有行动，也有收获，但效果还是不尽如人意。原因有很多，有一点我的感受较深，那就是与惯性强大的、旧有的东西作别，一个人的力量是微小的，要是有一个团队，甚至是学校行政力量去推动，效果可能会更好。“课改”真的是想说爱你不容易。作为教师个体，坚持不懈做“课改”，那么，国家推进的“课改”才会有希望，希望的实现会召唤更多的一线教师行动起来，“课改”的落实在于行动。

提升课堂教学的鲜活性

【动因】 此文发表于《中学政治教学参考》2010年第5期。文章的构思可以追溯到《"五化"促效果》一文，随着"站讲台"时间的增长，我对课堂的理想状态思考得越来越多，精彩、互动、笑脸、鲜活……这些词一直萦绕在脑海中，教学实践中也在不断地尝试、改进、完善，这就是本文写作的动因。

新课程改革的核心理念之一就是要将课堂教学由教师的系统讲解转变为引导、发现，凸显学生的自主学习，在促进课堂教学的过程中实现师生互动、鲜活。下面，笔者结合新课改下的教学实践，谈几点体会。

以时政为依托

时事政治是政治课教学的源头活水。将时政引入课堂教学，既是学以致用、理论联系实际的需要，也是引导学生关注社会发展、解析社会问题的需要，更是引起学生共鸣、让课堂教学鲜活起来的客观要求。

例如，我在教学“经济全球化使各国经济发展的联系进一步加深”时，自然引入由美国次贷危机引发的全球金融危机这一时政知识，学生能深切地感受到美国经济“感冒”，其他国家经济发展也要“打喷嚏”，这是“经济全球化使各国经济发展的联系进一步加深”的具体体现。此外，将时政引入课堂教学还可以弥补教材例证在时效上的滞后性，凸显政治课教学的时代性。

以开放性为基准

新课改理念为课堂教学鲜活起来提供了契机，与传统的教学模式相比，新课改对课堂教学的基本要求是注重学习的过程，开放性是其重要特点，联系学生实际、解决学生身边的问题是教学的重要环节。这就为鲜活的课堂教学搭建了很好的平台。例如，在“教学消费方式的选择”时，我提出，时下中学生穿戴“名牌”服饰是扮“酷”求“帅”的表现吗？这一话题激起了同学们的兴奋点，他们开始议论纷纷。结合本框知识的学习，我引导学生得出，“名牌”消费要具体分析，家庭经济条件允许且在一定限度内，中学生理性消费“名牌”产品不应视为扮“酷”求“帅”，也不能单纯理解为炫耀性消费，它反映了当前部分中学生的一种消费态度，在市场经济条件下，有值得肯定的一面。

以多媒体为手段

现代信息技术为课堂教学的生动鲜活插上了飞翔的翅膀。适时使用多媒体辅助教学，可以将抽象的知识具体化，具体的知识更直观。例如：我在教授“文化继承与创新的关系”时，精心设计了几个画面，从古老的太极图依次演变为现代计算机的二进制，进而引导学生得出，文化的发展和创新离不开文化的继承，文化继承是文化创新的基础。

以“生活化”语言为烘托

贴近学生生活、贴近学生实际、贴近学生需要是新课程改革对课堂教学的又一重要要求。“生活化”的语言能对课堂教学的鲜活起到很好的烘托作用。例如，就“如何感受世界文化多姿多彩的魅力”，我提出，这就如同我们观赏自然风景有“两个窗口”，一是“民族节日”，二是“文化遗产”，“从窗口去观赏风景”这一生活化的语言让学生心领神会。可见，教学中适时使用“生活化”的语言不仅能够展示教师的语言魅力和感染力，而且对提升教学效果有很好的烘托作用。

以中学生热点话题为共鸣点

新课程改革在教材语言的使用上尽可能地使用贴近学生生活、贴近学生实际的表达是一大特点。为此，在教学中教师适时使用当下中学生生活中的热点话题，能引起学生的共鸣，拉近教师与学生的情感距离，使学生认为政治老师很关注他们的生活，有情趣，从而激发他们学习知识的兴趣，提高教学效果。例如，在教授“文化创新的重要性”时，我要求学生思考动漫片《喜羊羊与灰太狼》热播的理由。这一贴近学生生活实际的话题立刻引发了学生的热烈回应，在学生一番热议后，我引导他们思考，羊与狼的故事是儿时的我们最熟悉不过的话题了，这部动漫片借用现代科技手段，以传统的狼与羊的关系为基调，融入现代儿童的生活新理念，以现代儿童生活方式为叙事方式加以推演，给我们耳目一新的收看效果，风靡全国。不难看出，这一成功得益于文化创新，它启示了文化创新的魅力和重要意义。

以探究活动为载体

《综合探究》是新课程改革的一大亮点。开展探究活动是使政治课教学鲜活起来的有效载体，探究活动的开展，不仅让学生参与到教学中来，而且可以深化学生对所学知识的理解，拓展学生的思维，锻炼和提高学生的学习能力。例如，我在处理《综合探究》“坚持唯物辩证法　反对形而上学”时，先提出探究活动的目标和要求，然后将学生分组，要求他们分头从已学的三个模块知识中选取一个切入点，并收集相关材料进行思考和分析，做好准备。最后择时进行探究，每组学生代表陈述，教师进行理论评析。这里选取一例加以说明。其中一组学生以全球金融危机为切入点，陈述了在金融危机影响下，我国出现了出口贸易受打压、经济增速放缓、外向型企业订单锐减、失业人数增多等挑战，但同时又指出，我国议而未决多年的燃油税终于在国际原油价格大幅回落的情况下平稳推出是由于全球金融危机的影响和我国经济的发展和经济结构的调整，总结出金融危机中也包含着机遇。应该指出的是，该组学生能够用所学的唯物辩证法联系、发展、全面的观点分析全球金融危机对我国经济发展的挑战和机遇，而不是用形而上学孤立、静止、片面的观点来悲观看待全球金融危机，知识探究有深度，能力得到的锻炼和提升可见一斑。

综上所述，在新课程改革的大背景下，教师要转变观念，勇于探索，努力让政治课教学鲜活起来。

【感悟】与鲜活课堂相对的是课堂的沉闷、死板，二者两极分化表现的根源是什么？谁之责？我们都认为学生是课堂教学的主体，教师是课堂教学的主导，显而易见，责任在教师。教师在课堂教学中的任务不是“教”，而是“导”，是“引”。德国美学家姚斯告诉我们，教学前或教学中必须关注学生想要了解什么或有什么疑问，并从中清楚地捕捉到学生最想了解什么以及最需要了解什么。换言之，教师要从学生的生活实际出发去重构教材，在施教的课堂上扮演好“导演”的角色，这样做就既“鲜”又“活”了，“鲜活性”也就凸显出来了。我想，这样的课堂学生是欢迎的。苏霍姆林斯基说：“教学改革的目的与关键是让教师去创造更适合学生弹离的‘起跳板’，是让学生凭借‘起跳板’弹跳得更高、弹离得更远。”

让学生的笑脸成就精彩课堂

【动因】此文写于2013年6月7日，起因是2012年暑期的我校班主任和教师“双向竞聘”现象和2013年暑期的校本培训“我心目中的理想课堂”学生演讲和征文活动，受这一现象和活动的诱导，结合此前自己的思考认为，生本课堂一定会呈现学生发自内心的灿烂的笑脸，那样的课堂才是精彩的，为此，我写就了《让学生的笑脸成就精彩课堂》一文。

2012年8月开学伊始，我校在高一级部推行班主任和科任教师的双向竞聘改革，即由班主任、科任教师共聚一堂面对面双向选择。这一选聘的过程看似热热闹闹，其实结果耐人寻味。从这次选聘的结果来看，有一定教学经验的年轻教师和有鲜活课堂教学特色的中青年教师比教学经验丰富的中老年教师更具竞争优势。与此同时，我校高考补习班教师每年开学之初的“学生满意度”测评的结果也契合了这一现象。2013年春季开学，我校开展的“打造高效课堂”系列活动之一的“我心目中的理想课堂”征文演讲比赛，一等奖获得者高一（6）班程同学认为，“理想的课堂是平等而无歧视的课堂”，“在课堂上，教师不是独奏者，而是伴奏者”，“课堂应是师生进行探究学问的互动的舞台”，“老师更需要唤醒学生学习的动力，而不是灌输一些死板的知识；更需要引导学生学习的方向，而不是规定学习的内容”。这一系列的现象让我们不得不思考：什么样的课堂教学是最受学生欢迎的？究竟什么是精彩课堂？它的评价标准是什么？

回答以上问题并不难，且答案是丰富多彩的。但笔者认为，仅有完整的课堂教学环节，仅是为了完成知识的传授，没有师生互动和心灵的碰撞而死气沉沉的课堂一定不是精彩课堂，也一定不是受学生欢迎的课堂，学生对教师的满意度一定不是很高；相反，那些善于与学生交流沟通，能够贴近学生生活、贴近学生实际、贴近学生需要，有鲜活教学特色的中青年教师，他们在传授知识的同时注意触动学生的心灵，让课堂上涌现出一张张笑脸，他们的课堂教学才是最受学生欢迎的，他们的课堂教学应该是真正的精彩课堂，学生对他们的教学满意度也是最高的。

为什么说充满学生笑脸的课堂是精彩的呢？学生的笑脸是显性的外在表现，其背后是师生心灵的“同频共振”。新课程改革要实现“知识与技能—过程与方法—情感、态度与价值观”“三维”目标相统一。笔者认为“情感、态度与价值观”目标不仅是教学的终点，更重要的是，它是我们教学展开的起点。为此，教育教学应从学生内在的生命需要出发，去促进学生内在精神力量的发展。学习是学生的个性化行为，不应以教师的分析来代替学生的独立思考。我们的教育教学要从关心学生的内心世界开始，要重视学生作为生活主体的生命感受，让学生的心灵生活得到教育的真诚关切。我们要改变传统的灌输式教学模式，通过自主、合作、探究来引导学生的生命体验与唤醒学生的主体思维，让学生作为一个思考着的、有灵性的生命体来参与学习活动，努力培养学生独立地认识问题、分析问题与解决问题的综合能力。

那么，如何做到让学生的笑脸成就精彩课堂呢？笔者认为，教师的功夫在课前，课堂的主人是学生。为此，教师要对教学内容以“触动学生心灵”为原则进行有效的“包装”设计，将书本知识和学生的生活打通，让学生以自己的生活体验来理解书本上的知识。以下是我在教学实践中的三点做法：

其一，情境设计。

美籍华人、自由学者柯领在《追问教育的本质》中指出，优秀的教学要从引动学生的情感入手，要善于引起学生的生命体验（生命体验就是引导学生积极主动地学习、思考与实践）。情境设计就是一个好平台，我们要在解决问题的基础上做好情境设计，一方面，它可以引导学生思考，另一方面，它可以激活学生的创造灵感。比如我在教授《股票、债券与保险》的情境设计为：

【导入设计】党的十七大报告指出："创造条件让更多群众拥有财产性收入。"即鼓励公民不仅要有工资性收入、经营性收入，也要有财产性收入。所以，我们要懂得和学会投资理财。正所谓（广告语）："你不理财，财不理你。"

【生活体验】同学们在平时生活中接触过那些投资方式？借此机会，请大家帮我出出理财主意。

【帮我解惑】我们三口之家，孩子大二在读，现有储蓄存款 10 万元，可我认为利息收入太低，我想"收入高些，赚钱快些"，同学们认为我该如何投资？

【向学生咨询】问题从略。

本框通过预设师生对话问答方式完成教学任务，并通过对不同投资理财方式的比较做出理性选择，在比较选择中自然生成理性投资的主要原则。

其二，问题设计。

现代科学哲学家波普尔十分强调问题意识的重要性，他说："正是问题激发我们去学习，去发展新知识，去实验，去观察。"提出问题，才能激发人们的好奇心，吸引学生们进入研究状态，从而积极主动地去学习，去创造。比如我在解读经济现象"兼并"时指出，兼并是市场竞争的结果，简单地说，就是优势企业吞并劣势企业，它的优点是以快捷方式接下了劣势企业这一"烫手山芋"，盘活了劣势企业。

【设问】那么，兼并是否成了拯救劣势企业的"灵丹妙药"？

【追问】作为市场经济的调控者，政府可否随意指定甲优势企业兼并乙劣势企业呢？

【解惑】吃东西是同学们最熟悉不过的事情了。我们的生活体验是，这个东西我们首先要吃得下，吃得可口，其次是吃得要有营养，这样做才有利于身体健康，乱吃东西可能会闹肚子，它不利于身体健康。其实，企业间的兼并就如同我们吃东西，要有所选择，要遵循经济发展规律；同样，企业间的兼并要反对一厢情愿的“拉郎配”，兼并不是做慈善，它的目的不仅仅是优势企业扩大经营规模，更重要的是要提高经济效益，发展壮大自己。

其三，故事设计。

诺贝尔委员会给莫言的颁奖词为：2012 年诺贝尔文学奖得主为莫言，他“很好地将魔幻现实与民间故事、历史与当代结合在一起”。莫言在获奖后的演讲题目是“讲故事的人”，他说：“我是一个讲故事的人。因为讲故事我获得了诺贝尔文学奖。我获奖后发生了很多精彩的故事，这些故事，让我坚信真理和正义是存在的。今后的岁月里，我将继续讲我的故事。”构建精彩课堂，教师也要做一个有故事、会讲故事、能创造故事的人。比如我在解读“运动与物质”的关系时，我和学生们一起回顾《刻舟求剑》的故事。

【设问】故事中书生的做法哪些是合理的？

【追问】他的做法究竟错在哪里？你认为书生该怎样做？

【解惑】书生在上船（“此岸”）时剑落水的地方立即刻下记号，下船（“彼岸”）时又立即从刻下记号的地方跳水求剑，孤立地看，书生还是做到了“从实际出发”了。书生求剑未果而留下笑柄的症结在于，船行剑止，他错将“彼岸”当作了“此岸”，割裂了运动与物质的关系。辩证唯物主义认为，“运动是物质的运动，物质是运动的主体。物质和运动是不可分割的”。离开运动谈物质是形而上学的观点，这就是书生犯下的错误。我们可以做个假设，船未开行，书生从刻有记号的地方跳水求剑，不考虑其他因素，他是可以找回自己的剑的。

学生的笑脸是师生心灵碰撞的“火花”，教育的“彩霞满天”需要我们不懈努力，永远在路上——这就是教师职业的魅力！

【感悟】政治课教学一直以来被人们误解为“说教课”，既然是说教，人们自然将政治课与“刻板”“假大空”联系在一起。不幸的是，我们的部分教师也会误入歧途，将政治课上得沉闷而缺乏生气。其实，当下的政治学科，从教材的编写到内容的选定均具有时代性，贴近学生，接地气。我们完全有理由相信政治课可以上得鲜活而生动，在政治课堂上更多地呈现学生发自内心的灿烂的笑脸。关键是转变教学观念。我认为，政治课教师要“用心”去处理教材，“用情”去设计教学情境，“用智”去引领学生，“用爱”去包容学生。这样的政治课堂师生一定会有更多的笑脸，这样的课堂不仅是理想课堂，也一定是精彩课堂。《人民教育》撰文指出：“教师充分研究学生，了解学生的认知水平、兴趣、愿望、最近发展区，将教材和学生的生活经验、情感体验结合起来，既能激发学生的学习兴趣，为学生找准真实的学习起点；又为后进生、潜能生提供个性化服务，提高教学的针对性。”①

① 赵万科．构建学有效度、导有深度的思辨课堂．人民教育，2014（16）：53.

“问题本”助推教学不可或缺

【动因】 此文是2014年回过头来教授高一课程的课改经验记录，也是与2014届高三复习课的课改论文《“三维六环”单元复习：构建高三一轮复习新路径》（《中学政治教学参考》2013年第12期）的呼应。课堂是课改的主战场，推进课改必须从改变课堂开始，有行动就会有思考，有思考就会下笔成文。

2013年7月，在迎接合肥市市级课题“‘自主、合作、探究’在高中政治、历史教学中的实践研究”（编号HJG10073）（该课题2014年6月获市优秀教科研成果评选三等奖）结题验收中，我们发现，在课题研究中小小“问题本”发挥了大作用。

这里说的“问题本”是指学生在自主学习过程中随手记录下来的不懂问题或追问感兴趣的拓展性问题等上交给教师“求解”的记录本。对此，有的教师会不以为然，他们认为21世纪的今天现代信息技术如此发达，我们已在使用QQ、邮箱和微信，哪里还需要什么“问题本”？这太落伍了。然而，事实并非如此。虽然随着城市化的推进，我国中小学校的硬件设施有了极大的改善，但全天候、全方位服务教学仍难以做到，况且我国地域辽阔，农村学校的学生占比很高，过于崇尚现代信息技术手段也是不现实的。叶澜教授就提醒："在一个充斥技术资源和诱惑的时代，我们十分需要在技术工具面前的清醒。"①即使是当下被十分看好的"翻转课堂"、慕课等也是在信息技术支撑下的产物，离开了信息技术我们无法去实施。而看似落伍的"问题本"对传统的、现代的，城市的、农村的学校教育教学均具有"普适性"。可见，"问题本"这一传统载体在辅助教学中的特有功能不可或缺。

我们认为，与现代教学技术等新媒体相比，"问题本"在教学实践中具有独特的功效。

其一，"问题本"是教师了解和把握学情的"窗口"。教师备课既要"接天气"熟知"三维"目标，也要"接地气"了解学生的学情，二者缺一不可。就了解学情而言，多数教师不是大而化之，就是一厢情愿。其实，他们并没有真正把握教学内容所对应的学情。客观上，教师没有"沉下去"了解真实的学情，而是直面学生问学情，学生又不太情愿敞开心扉谈体验。主观上，成熟教师受经验"固化"的限制，常以"我以为"的主观判断取代真实的学情。透过"问题本"这扇窗，我们就能化解这一难题。

其二，"问题本"是师生互动的"桥梁"。一说师生互动，我们自然想到的是师生课堂上的表现。其实，通过"问题本"这一载体，以"笔谈"的方式进行交流，是师生就学习的内容突破课堂在更广阔的空间中进行的互动，其效果更有个性，更有针对性。教师用笔在"问题本"上写下文字作答，这种互动交流是一种美妙的情感体验。北京师范大学天津附中党委书记袁滨渤说："在学生的心目中，老师的笔迹有着生命的温度，他们对老师写的每一个字都特别有感情。"②

其三，"问题本"是"以学定教"的"指南"。无论何种课改模式都应聚焦促进学生发展，做到"目中有人（学生主体）"。"教学的本质是教学生学会学习，教学改革必须以学生学会学习为核心，为使命，为最高境

① 叶澜．课堂教学过程再认识：功夫重在论外．人民教育，2014（18）：56.
② 任国平．"影响力教师"袁滨渤．人民教育，2013（19）：3.

界。”[①] 教师精讲的内容应是学生困惑的问题，学生在自主学习过程中在“问题本”上开出的“求解”问题，就是教师教学的指南。北京十一学校王笃年老师是根据学生的问题组织课堂教学的，他认为：“学生如果没有问题，那我就没什么好讲的。”[②]

其四，“问题本”是学生拓展学习的“平台”。我们都认为因材施教、分层教学的效果更好，但现有的班级授课制制约着我们实施差异化教学，况且我们也缺少北京十一学校的走班上课的条件，利用好“问题本”可以在一定程度上弥补这一缺憾。学生对某一学科的兴趣差异程度在“问题本”上能反映出来，感兴趣的学生会超越教材追问问题，教师正好利用“问题本”这一平台，用文字作答，实施因材施教而不挤占课堂时间。

其五，“问题本”是提升学生能力素养的“助推器”。哈佛大学认知心理学家加德纳提出的多元智能理论认为，学生发展的能力和素养是多元的。仅就学生发现问题和提出问题这一能力素养的培养来看，我们将单个学生在“问题本”的前后提出的问题连起来看发现，开始时多数学生记录下的问题是模糊的，问题的指向性不明确，后来慢慢会精准起来；横向看，不同学生在“问题本”上提出的问题在质量上有不小的差别。开始有的学生没有记录下任何问题，不难发现，不是他们没有问题，而是他们没有发现问题，或者他们发现了问题，但他们难以下笔写出问题。一段时间过后，这种状态得到了改善。其实，这一成长的“痕迹”说明，“问题本”助推了学生发现问题和提出问题这一能力素养的培养。

诚然，“问题本”在辅助教学上具有不可或缺的功效，但我们也无须夸大它的作用。我们不要因没有条件去上慕课而妄自菲薄，也不要因自己有一技之得而沾沾自喜。对一种教学载体的功效我们要一分为二地看待，教学模式和载体的选择应该是多样的，教学的本质都应回归到促进学生发展上来。还是人们常说的“适合的才是有价值的”有说服力。

---

① 成尚荣．教学改革要坚持以学生学会学习为核心．人民教育，2013（22）：30.

② 李斌，王笃年．科学界派往课堂的代表．人民教育，2014（5）：71.

【感悟】有人说，经验是一个优秀教师走向卓越的绊脚石。也有人说，“自以为是”（经验丰富）的教师是可怕的。二者的观点都传递了一个重要的信息——不能与时俱进，不愿主动地改变课堂，用原有的经验去“包打天下”的教师难以适应新课改的要求，教学效果打折不说，学生也难以认同。在学生的满意度评教中，这也是中老年教师不如中青年教师的原因之一。这启示我们，中老年教师必须突破和超越原有经验的束缚，在行动中重塑自我，树立“学生立场”观，令学生“亲其师，信其道”。

PBL也称“基于问题的学习”，其理论基础为建构主义，它强调以问题为核心。使用“问题本”辅助教学就是实施“问题教学”的尝试。关于这一话题我们再来看看他人的总结：上海市教育科学研究院王洁认为，“以学定教”就是把教材与学生串联起来，在考虑教材的同时考虑学生的需求，针对学生的特点来决定教学的走向。[①] 德国美学家姚斯告诉我们，实现有效教学的前提是把握学情并找准教学的起点，即教学前或教学中必须关注学生想要了解什么或有什么疑问，并从中清楚地捕捉到学生最想了解什么以及最需要了解什么。

① 王洁．为自己研究，研究自己．人民教育，2014（18）：59.

信息技术与课程整合的思考与实践

【动因】此文写于2012年9月5日。它脱胎于2011年12月赴海南，参加第九届全国高中信息技术与课程整合优质课大赛现场总决赛，返校后我于2012年2月写下的《海南赛课杂感》一文。随后我又阅读了何克杭、吴娟娟的著作《信息技术与课程整合》，以及在《中国教育报》上读到署名金陵的文章《如何把握好“整合点”分析》，又恰逢中央电教馆在网上开展中小学教师信息技术论文大赛，结合自己的教学实践写就了此文。2012年11月经过网上投稿，网上评比，本文在第三届“中国移动校讯通杯”安徽省中小学教师论文大赛中获三等奖。

信息技术已渗透到课堂教学的各个方面，由教育部数字化学习支撑技术工程研究中心、全国现代教育技术培训中心及东北师范大学共同主办的全国高中信息技术与课程整合优质课大赛，为进一步推动信息技术与课程整合在教学实践中的应用，意义重大，影响深远。2011年12月3日至5日，笔者参加了海南省教育厅协办、海南中学承办的第九届全国高中信息技术与课程整合优质课大赛现场总决赛，获“微型课”政治学科一等奖。这次的海南之行，三天的比赛，在参赛之余，我听了除英语以外的其他所有参赛学科近50节“微型课”和“同题异构”课，作为一线教师，我甚感欣慰。来自全国28个省、自治区、直辖市的优秀选手或年轻有为活力四射，或人到中年沉稳老道，在全国名校海南中学的赛场上同台献艺，无论是他们讲课的娓娓道来及驾驭课堂和调动学生的能力，还是他们利用多种信息技术整合课本知识的能力和技巧，都让我受益匪浅。

所谓信息技术与课程整合就是通过将信息技术有效地融合于各学科的教学过程来营造一种新型的教学环境，以实现一种能充分体现学生主体地位的以“自主、探究、合作”为特征的新型教学方式。整合的发展层次可以划分为三类：“情境激趣”是信息技术与课程整合的初级层次；“突破重点难点”是信息技术与课程整合的中级层次；“创新教学方法”是信息技术与课程整合的高级层次。

不难看出找准整合点的指针是：运用信息技术达到优化教学的目标，培养学生的创新精神和实践能力。找准了整合点，如何进行有效的整合？其关键要着眼于实效性、创新性（个性化）和生成性。做到根据教学“三维”目标，将教师个人因素与教学内容、学生现状、发展目标、学校教学环境等进行最优组合。

以我的参赛课《在文化生活中选择》为例来分析。

一、找准整合点

信息技术与课程整合已成为当今国内外课程改革的潮流。但我们应当保持理性，既不能简单地排斥，也不能一味地盲从，应当根据实际需要，正确定位，寻找合适的整合点。在信息技术与政治课程的关系上，政治课程是主体性的，信息技术是辅助性的，不能忽略政治学科本身具有的特点和传统教学的规律。二者应有机结合，从而更好地提高中学政治课教学效果。本框题教学确定三个方面的整合点：

（一）利用信息技术，充实教学资源，创设教学情境（初级层次）

色彩斑斓的文化生活，阳光与阴影并存。本课教学时，运用信息技术呈现图片（如电脑算命、赌博、色情表演；学生身边的文化；主旋律响彻在各个领域等），在丰富和拓展学生文化生活体验的同时让学生有着更直观的感受，在充实教学资源的基础上教师引导学生在感受中思考，在思考中做出判断和选择。

（二）利用信息技术，提炼和整合课本知识，破解难点、突出重点（中级层次）

信息技术作为一种处理信息的工具，在信息的获取、加工、运用方面有着较大优势。教学时，运用信息技术创新教学方法，利用多媒体呈现表格（如落后文化与腐朽文化的比较；先进文化与落后、腐朽文化的比较）提炼和整合课本知识，在提炼和整合中引导学生进行知识点的比较，在比较中提升学生的辨别能力，进而，水到渠成地使学生认识到加强中国特色社会主义文化建设是我们的价值追求。

（三）利用信息技术，拓展课堂，深化已学知识，提升学生能力（高级层次）

根据信息技术与课程整合的适用性原则，注重对学生进行各种能力的培养。利用网络和多媒体搭建训练平台（如对接高考训练；自由论坛：我看文化生活），引导学生思考，启发学生思维，培养学生的辨别能力和理论联系实际的实践能力；使用电子邮箱或 QQ 的方式来检验和反馈教学效果，了解学生的真情实感，增进师生交流，把“三维”目标有机地统一起来。

《在文化生活中选择》的教学流程与整合点图示：

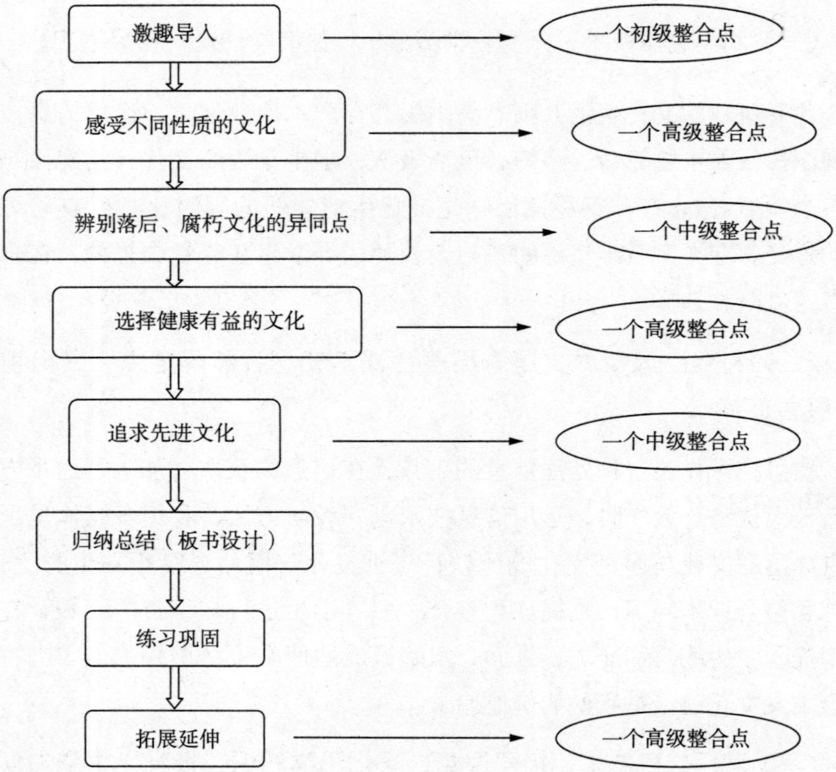

图一　《在文化生活中选择》的教学流程与整合点

二、如何有效整合

(1) 以“激趣导入”这一初级整合点为例。

出示 PPT：一条手机短信和十七届六中全会《决议》要点

解决文化生活中的纠结，十七届六中全会《决议》为我们指明了方向，在色彩斑斓的文化生活中，我们需要有一双慧眼来辨别良莠不齐的文化，在文化生活中做出正确的选择。那么，我们就走进今天的课堂，学习《在文化生活中选择》。

【设计意图】利用多媒体创设教学情境，从上一框题《色彩斑斓的文化生活》自然过渡到下一框题《在文化生活中选择》。

这里的整合点是利用网络等方式再现生活场景，突出时效性，创设教学情境，激趣导入。

（2）以“拓展延伸”这一高级整合点为例。

A. 小试身手

出示 PPT：自由论坛——我看文化生活

要求：（1）时间 5 分钟；（2）同桌间相互交流；（3）记下交流要点。

【设计意图】课堂上留有一定的时间让同桌间相互交流，这不仅能将所学知识得到及时巩固与深化，同时，也可以张扬一下学生的个性，了解学生的真实情感。

B. 课后作业

请同学们将交流要点扩展为政治小论文，及时发送到老师的邮箱或 QQ 上。

【设计意图】以网络为支撑布置个性化的作业，不仅拓展了课堂，而且有利于真实了解学生巩固知识、应用知识、理解知识的个性差异，有利于加强师生之间的沟通和交流。

这一整合点也是创新点，它是传统教学无法实现的。这里利用网络邮箱或 QQ 的方式来检验和反馈教学效果，了解学生的真情实感，增进师生交流，进而实现知识、能力与情感、态度、价值观“三维”目标的有机统一。

可见，现代信息技术环境下的新课程改革，一定不是秀信息技术手段，应该是以信息技术为支撑去整合课程知识，其中的关键是挖掘、找准有价值的整合点，并利用信息技术对学科知识进行有效的整合。通过整合使学科教学变得更加直观、形象、生动，实现在整合中“创设情境”，在整合中“突出重点、破解难点”，在整合中“创新教学方法”，进而提高学生的学习能力，提升课堂教学的有效性，达到事半功倍的效果。

参考文献

[1] 何克抗，吴娟．信息技术与课程整合［M］．北京：高等教育出版社，2007：7.

[2] 金陵．如何把握好“整合点”分析［M］．中国教育报，2011－10－28（08）．

【感悟】俗话说，“处处留心皆学问”，我想写作也是如此。就拿这篇《信息技术与课程整合的思考与实践》一文写作过程来说，先是主动参加赛课活动，之后及时记录下赛课杂感，然后是有意识去阅读有关这一话题的专著和文章，再以后受论文大赛的“触发”，就可以写就指向性明确的论文，同时也为写下的论文找到一个出口的通道。我的体会是，教师的专业成长一定程度上说就是：坚持行动、坚持阅读、坚持写作。爱因斯坦说过“人的差异在业余”。著名杂文家、特级教师吴非说：“专业水准差异在‘业余’形成”。

课改的边界是促进学生发展

【动因】此文发表于《中学政治教学参考》2014年第12期。“边界”一词是2014年度的“热词”，“课改”也是近年来教育界谈论最多的话题，恰逢暑期校本培训要写总结，结合自己的平时思考，和一年多阅读《人民教育》的感悟，于9月3日写下了此文。

2014年8月15至17日，我校一年一度的校本培训如期举行，本次校本集中培训的核心内容是聚焦课改。研讨和践行课改已不是新鲜话题，甚至有专家将10年的课改历程细分为三个阶段：第一代课改是以“改结构”为典型特征的，即通过调整课堂结构、改进课堂教学手段和方式为切入点，实现课堂从低效到有效的跨越；第二代课改是以“改关系”为典型特征的，即在“改结构”的基础上，通过改变“教与学”“师与生”的关系，实现课堂从“教中心”到“学中心”、从“师中心”到“生中心”的跨越；第三代课改则是以“改意义”为典型特征的，即在“改结构”和“改关系”的基础上升华教学的意义，摆脱知识对教育的束缚，打破课堂边界，实现课堂从关注知识和能力到关注智慧和生命提升的跨越。

具有实质意义的阶段和环节。“今后，深化课程改革的一个重点应当是教学改革。”① 笔者认为，课改的边界意识是课改有效实施的保障。那么，课改有无边界？如果有的话，课改的边界究竟是什么？

一种观点认为，课改一定不是随心所欲地乱改，课改当然是有边界的。比如课改要达到知识与能力、过程与方法、情感态度与价值观的“三维”目标；课改必须契合“课程标准”；课改也要能提高教学效度和学生的学习成绩；等等。这都在提醒我们——课改是有边界的。

反对的观点认为，课改虽然一定不是随心所欲的乱改，但课改是没有边界的。例如，洋思中学、启东中学等学校成功的不同教学模式；北京十一学校的学生选课走班学习；重庆聚奎中学的“翻转课堂”研究和实践；等等。这些都在激励我们要敢于突破各种束缚，树立“课改无边界”的意识，大胆探索，勇于实践。

笔者认为，上述两种观点看似对立，实则是内容与形式、显性与隐性的差异而已，本质上是统一的。无论哪种形式的课改都要指向学生发展，只有促进学生发展的课改才是有生命力的，反之，课改是不会成功的。从这个意义上说，课改是有边界的，课改的边界是促进学生发展。

俗话说，适合自己的才是最好的。我国地域辽阔，各地的教育资源有很大的差异性，课改的模式当然是各不相同的。但有一点是共同的，即课改必须做到“目中有人”，也就是说，课改的落脚点在于促进学生发展。促进学生发展就是在教学过程中注重培养学生的学习方法、学习技能，注重学生获取知识的过程而不是获得知识的结果，让学生学会学习，掌握科学的学习方法，着眼长远，培养学生各方面的能力，让学生的潜能得到最大程度的发挥。

北京师范大学心理学教授林崇德在《教育为的是学生发展》一书中从心理学科的视角对“学生发展”进行了探究与解读，林教授认为“儿童与青少年心理发展的基本规律是教育改革的出发点”，“培养思维品质是发展智力与培养能力的突破口，是教育改革尤其是教学效率提高的突破口”。

意大利教育家蒙古索利说过，一件事对孩子来说，听到的容易忘记，看到的记忆不深，只有亲身实践和体验到了，才能刻骨铭心，终生难忘。

---

① 成尚荣．课程改革：“回归”不是倒退．人民教育，2013（20）：31.

在《人民教育》2014年第15期推出的《"尝试教育"专辑》中，邱学华和他的实验者们契合了这一论述。尝试教育的特征是"先练后讲，先学后教，先行后知，先做后懂"。这学期结合我校实际，笔者对高一两个班进行本土化的"问题教学"课改。其基本环节是：读：学生通读教材，标出要点，记下疑点；练：学生使用同步练习进行自我检测，记下疑点；问：学生上交各自自主学习中存在的疑问（问题）；讲：教师梳理问题，分类整理，师生共同答疑；总：师生共同总结归纳，用多媒体呈现主干知识树。这一基本环节既是一个统一整体，又可以分为两个阶段推进。即第一阶段的"读、练、问"三个环节由学生自主学习完成，也可以根据教学进度"翻转"到课外进行；第二阶段的"讲、总"两个环节由师生共同在课堂上完成。需要说明的是，这一环节指向的教学内容可以是一个单元、一课的知识，也可以是一个框题的知识。开始组织实施时可从小容量起步，学生适应后，可以加大容量，提高进度，拓展广度。

"教学的本质是教学生学会学习，教学改革必须以学生学会学习为核心，为使命，为最高境界"。[①] 北京十一学校的王笃年老师指出，"相信问题的力量，一个不会提问的学生即使把书背下来也没有用"[②]。不言而喻，两位专家从不同的层面点明了课改的边界是促进学生发展。

【感悟】 拟定此文的标题时颇费周折，我先将课改和边界两个关键词输入电脑，在网上搜，几乎未找到二者的关联文章。经过反复推敲，我将此文的标题定为"课改的边界是促进学生成长"，随后通过电子邮箱投给了《中学政治教学参考》。拿到样刊是在某个周二例会开会之前，意外的惊喜让我印象深刻，很是提振信心。与以前的教学经验论文相比，这是一篇理性思考的论文，能发表不易，况且这段时间投出了不少论文，但被录用的没有，这让我心情有点灰暗。此文的发表有点"复活赛"的味道，这使我的心情很复杂。但有一点可以坚信，努力前行，风景就在前头。

---

① 成尚荣．教学改革要坚持以学生学会学习为核心．人民教育，2013（22）：30.

② 李斌，王笃年．科学界派往课堂的代表．人民教育，2014（5）：72.

达尔文的『环球旅行』对教师专业成长的启示

【动因】 此文已发表于《中学政治教学参考》2015 年第 8 期。该文写于 2015 年 1 月 12 日。它既是我元旦假期阅读了“六角丛书”之中外名人传记《达尔文》的结果，也是 2014 年 12 月我当选肥东县首届“名师工作室”主持人时为工作室筹建而思考的结果，同时也是对借我《达尔文》一书的高一（26）班薛庆伟同学的答谢。

元旦假期，我阅读了“六角丛书”之中外名人传记《达尔文》（张晓斌著，光明日报出版社 2012 年版）。1831 年，达尔文以博物学家的身份，参加了英国派遣的环球航行，做了 5 年的科学考察。在收集大量的资料和证据后，他的关于物种起源的思想主张越发的明晰，受马尔萨斯《人口论》的启示，经过不断地整理和补充，时隔 20 年，他终于在 1859 年出版了《物种起源》，提出了生物进化论学说，恩格斯将其提出的“进化论”列为 19 世纪自然科学的三大发现之一。不难看出，达尔文 5 年的科学考察无疑为他思考物种起源这一“秘密中的秘密”及提出生物进化论学说奠定了坚实的基础。由此我想到，教师一届又一届地开展教学活动就如同达尔文的“环球旅行”，但令人反思的是，我们的大多数教师为什么没能成长为名师？教师教龄的增长与教师专业成长为什么不具有同步性？今天，我们重温达尔文的“环球旅行”经历，对教师的专业成长或有如下启示：

达尔文从爱丁堡医学院学医到剑桥大学基督学院学习当牧师，期间他一直迷恋动植物的精彩世界，在阅读了19世纪德国自然科学家洪堡的《南美旅行记》后燃起了达尔文渴望远航的热情，可谓一波三折，达尔文终于获得了环球考察的任务，在踏上贝格尔舰之前，达尔文又为环球航行进行了必要的、充分的准备。在航海初期，达尔文克服了晕船等重重困难而不改初衷、坚定信念，在漫长的旅程中潜心观察和研究，采集了大量的动植物标本，记录下了丰富的《考察日记》。

达尔文的这一经历启示我们，教师的专业成长首先要拟定好自己的“成长规划”，比如1年站稳讲台，3年胜任学科教学，5年成为优秀教师，10年成为名师等；其次要做好思想上和行动上的准备，比如从阅读中外教育名家的教育专著开始，在与教育名家的“对话”中，做好思想上的准备。行动上精心上好每节课，努力推进课堂教学改革，坚持写教学反思，将自己教学实践中的点滴思考记录下来，并加以整理，写成教育随笔、教育叙事、经验论文等。我在阅读《教育改革家——魏书生》《追问教育的本质》《给教师的建议》《创新启示录：超越性思维》《发展心理学》等专著时，记下了大量的阅读笔记，受益多多；同时，结合自己的教学实践，写下了《以时政为依托，提高教学实效性》《“五化”促效果》《“真理是客观的”表述值得商榷》《从两道高考计算题看通货膨胀率与货币贬值率的异同》《课改的边界是促进学生发展》等论文。

海上归来的达尔文，在思考物种起源问题之前，在英国地质学会的报告中提出了一种崭新的学说——珊瑚岛是海洋中下沉陆地的产物。达尔文凭借丰富而多样的观察资料和条理清晰而缜密的推理使珊瑚岛理论被地质学家普遍接受，他的这一研究成果为达尔文在欧洲赢得了很高的声誉。

达尔文的这一经历启示我们，教师专业成长的拐点是逐步形成自己的教学特色，个性特色的形成需要探索和发现，探索和发现的载体是课堂教学改革和课题研究。优秀教师成为名师的过程就是研究和改革的过程，在研究和改革中探索，在探索中才能有新的发现，并用自己的教学实践去进行检验、修正和完善。可见，善于研究和改革也是教师形成个性特色的必由之路。2013 年 7 月，我主持的合肥市市级课题“‘自主、合作、探究’在高中政治、历史教学中的实践研究”（HJG10073）结题，2014 年 6 月获合肥市优秀教科研成果评选三等奖；论文《“三维六环”单元复习：构建高三一轮复习新路径》发表于《中学政治教学参考》就是一种尝试。

亨斯罗教授与达尔文亦师亦友，相伴一生。格兰特博士在达尔文传奇的一生里是一位起到了导向作用的朋友。地质学家莱尔放弃自己的火山口理论，决定支持达尔文新创的珊瑚岛形成的理论，达尔文的生物进化论正是在莱尔的地球演化学说的基础上创立起来的。植物学家 J. 胡克与达尔文是终生的好朋友，他成为进化理论最热心的支持者和最坚决的捍卫者，他和“达尔文的斗犬”赫胥黎一起回击神创论者的攻击，才使达尔文的生物进化学说得到科学界的普遍认同和广泛传播。巧的是，远在马来群岛的青年博物学家华莱士也在进行着物种起源的研究，更为巧合的是，华莱士的自然选择论与达尔文一样也是受了马尔萨斯《人口论》的影响。他与达尔文就自然选择与物种起源学说有过很好的交往，达尔文与华莱士相互尊重对方成果，共同完善学说，成了科学史上广为传颂的美谈。

达尔文环球旅行归来，经过近 20 年的勤奋搜集、苦心思考，几易其稿，于 1859 年写下生物学巨著——《物种起源》。达尔文的这一经历启示我们，教师的专业成长“独木不成林”，教师从优秀走向卓越，不仅需要自己的团队，而且需要在更大的范围、更广的领域觅得志同道合者，与知音“论道”，在完善自我的同时，传播自己的思想理念或理论学说。2012 年 12 月，我成为第二批“合肥教育家培养工程”培养对象，有幸结识了更多的同道者，在南京师范大学、清华大学、国家教育行政学院的集中培训中，进一步拓宽了视野；2014 年 12 月，当选肥东县首届“名师工作室”主持人，我和我的团队成员将在“名师工作室”这个大舞台上更好地放飞教育梦想。

综上所述，达尔文渴望“环球旅行”就如同教师发展要拟定“成长规划”；达尔文写下的《考察日记》和采集的标本就如同教师成长中的“行动积累”；达尔文海上归来的学术探究就如同教师成长中的“教学改革”；达尔文厚积薄发写就的《物种起源》就如同教师成长中形成的“教学风格”。

中共中央总书记习近平 2015 年 1 月 12 日在人民大会堂同中央党校第一期县委书记研修班学员座谈时指出：“干部不能干一年、两年、三年还是涛声依旧……每年都是重复昨天的故事。”这对教师的专业成长同样具有指导性，北京十一学校校长李希贵说：“一个成功的人不在于他知道了多少，最重要的是当他知道后不是坐着说，而是站起来做。”①

老师们，让我们立即行动起来！

【感悟】众所周知，5 年的环球航行和科学考察，为达尔文日后提出“生物进化学说”，最终写就《物种起源》一书奠定了坚实的基础，成就了达尔文一生的伟业。其实，达尔文在幸运谋得参加环球科考的机会之前，他对选定何种职业、人生如何规划和我们大多数人是一样的——迷茫、徘徊，但达尔文有一种对自己理想的自信和执着，更有一种从事科学研究的严谨和勤勉，这是我们大多数人所缺乏的，这也是他成就伟大事业的原因。这启示我们：首先，成长规划不可少，但更重要的是行动，“行胜于言”。其次，成就事业的要件是自信、执着、严谨、勤勉。最后，也可以这么说，今天你行动，明天你成功；明天你行动，后天你成功；你不行动，你永远不会成功。

① 李希贵．新学校十讲．北京：教育科学出版社，2013 14.

观课有感：莫把『枝节』当『细节』

【动因】此文发表于《中学政治教学参考》2015年第5期。正如文章题目所言，写就此文是我应邀参加“观课”的感受。往大处说，2012年入选“合肥教育家培养工程”的多次集中学习，加上平时阅读教育专著，以及多年的课堂教学感悟的叠加，才有了这样的体会。这也是我近期一直在思考的问题。怎样区分课堂教学中“枝节”与“细节”？如何构建高效智慧课堂？以此为契机，返校后我写下了此文。

2014年12月14日，应县教研室邀请担任我县一所中学青年教师课堂教学比赛的评委，比赛的题目是《经济生活》第七课《个人收入的分配》的第二框“收入分配与社会公平”，参赛对象为该校35周岁以下的青年教师。当天，我连续听了6位老师就这一框题的内容所进行的教学展示课，应该说，他们均有各自的出彩亮点，但作为青年教师的课堂，错把“枝节”当“细节”，让教学的实效性打了折扣，这是他们提升教学水平必须加以改进的。

我们常说，“细节决定成败”，但就课堂教学而言，“细节”一定不是一框知识中的全部。换言之，要处理好“用教材”与“教教材”的关系。决定成败的

“细节”有四个方面的内容。第一，把握本框教学的重点、难点。在我国，“收入分配为什么要公平”“如何实现收入分配的公平”“怎样处理好效率与公平的关系”，是本框教学的重点和难点。突出重点、破解难点是达到本框教学目标的基本要求。本次上课的教师都有较好的把握。第二，突出“核心概念”。“核心概念”是一框知识展开的“总开关”，比如，本框知识的起点是“我国当前的收入分配差距（基尼系数）过大的实情”，终点或归宿是“社会主义的本质是共同富裕”。这里的“实情”和“共同富裕”作为“核心概念”要交代清楚，才有利于学生对本框知识的深入理解。本次上课的教师对此没有清晰的认识，站位不高。第三，课堂管理的精细。教师不仅是课堂教学的引领者，也应该是课堂教学的管理者。课堂节奏的松紧有度，学生互动组织的有序、有效，推进预设和生成的自然、创新等，是教师课堂管理的“软实力”，它能为精彩课堂抹上亮丽的底色。本次上课的教师在课堂管理的认识上还有待加强、提升。第四，点破教材改动处。政治学科的自身特点决定了教材的“微改动”是常态，青年教师应该比中老年教师对此有更好的敏锐力和关注度。比如本框的“再分配更加注重公平”修改为“初次分配和再分配都要兼顾效率与公平”，这一改动表明，党和政府对处理“效率与公平”问题的认识在实践中得以深化。本次上课的教师借用他人的 PPT 继续表述为“再分配更加注重公平”，这既忽视了细节，又反映了教师解读教材的不严谨。

促进学生的发展是教学的本质，一堂好课当然要有促进学生思维拓展的因子。反观这次赛课，教师讲课的“枝节”遮蔽了学生“思维”的发展，这是一个缺憾。原因之一是，他们错把“枝节”当成了“细节”，主要表现为：一、用“教材”没有取舍，教“教材”的着力点有偏差。比如，讲“公平—社会公平—收入分配公平”的关系时用时过长。再比如，一位教师花大力气讲“基尼系数”；二、教学语言拉杂、不简捷，甚至在“兜圈子”。比如讲上述的三者关系时，按照教材内容直接点明“公平涉及各个领域，收入分配公平是社会公平的基本内容”即可，无须过多解释，占用课堂时间。再比如，教师在解读“社会收入公平”的含义时，转了一圈，就是未点明“要保证人们的基本生活需要”；三、使用的 PPT 花哨、繁杂。教师尤其是青年教师需要明确，信息技术是手段和工具，信息技术的使用必须服从、服务于知识的讲解，花哨、繁杂的PPT会过度刺激学生的感官反而不利于学生的思维发展。比如，一位教师导入的视频就放了3分多钟，学生难以把握“要领”；再比如大容量的材料、表格、数据呈现，作为观课的我都“难以招架”，学生如何反应，更谈不上思考了，学生的大脑变成了被动接受知识的容器，更谈不上思维了；四、没有效度的提问代替师生互动。上课教师的互动观念还停留在“提问”这一低层次的水平上，甚至是为提问而提问，没有效度，既浪费时间，也不能激发学生的思维活动。比如在讲到“制度保证”时，教师问“我国的分配制度是什么”；再比如讲到“增加居民收入”的重要举措时，教师问“提高两个‘比重’和实现两个‘同步’是什么”等。

可见，错把“枝节”当“细节”是本末倒置，是捡了芝麻丢了西瓜。而莫把“枝节”当“细节”要求我们：第一，要正确处理“用教材”和“教教材”的关系，潜心备课，精心研读教材，用心设计教学流程，把准“细节”；第二，PPT的制作和使用要化繁就简，借用他人的PPT要反对“拿来主义”；如果你认为某些拓展知识有价值需要告之学生，不妨使用“微视频（课）”的方式“翻转”到课外，让有兴趣的学生深度学习也是不错的选择；第三，锤炼课堂教学语言是青年教师成长的必修课，这不是一日之功，你要想成为优秀教师就必须日积月累地去磨炼自己；第四，互动合作学习和有效的提问是教学艺术，青年教师要多阅读这方面的教育专著，努力“站在巨人的肩膀上”，经过不断实践，逐步形成自己的个性特色。

【感悟】同仁们常常抱怨写论文，无东西可写，或无从下笔。其实我们能写的东西或素材很多，就看你是否愿意去挖掘，我们每天教学行动的点滴均可以入文。此文写好后，电邮给了《中学政治教学参考》，2015年1月16日他们回复“通过初审，静候佳音”。这让我在农历春节中很是纠结，期待着2月份能发表，然而未能如愿，原以为没有希望了，5月25日终于发表了，我拿到了样刊。看来从通过初审到正式刊用，时间间隔有两三个月。

课题研究篇

『提升学生多层次、多角度的学科认知能力』课题研究的体会

【动因】此文发表于《新课程研究（教师教育）》2011 年第 6 期。本文系第二批安徽省现代教育技术试验学校课题“培养学生多层次、多角度的学科认知能力的实验研究”（项目编号：AE2000-48）的阶段性成果。2000 年前后，是我参与教研热情高涨的时期，因本人在电教方面小有成绩，为此，校教科室主任周爱民鼓励我投身课题研究，于是我成为该课题立项申报的子课题的负责人。该课题申报结题时，需要撰写子课题结题报告以迎接结题验收，我于 2011 年 3 月第一次独立完成该结题报告的撰写。

自主学习型教学模式的建构是安徽省肥东第一中学（简称我校，下文同）政史地教研组部分教师为顺应教育现代化和新课程改革要求的一次探索和尝试，目的是为了提升学生多层次、多角度的学科认知能力和创新精神，凸显学生的主体地位，进一步提高教育教学效果。

一、研究的理论依据

瑞士学者让·皮亚杰在建构主义中提到：①学习是一种意义建构的过程。通过个体对知识单元的经验解释从而将知识转变成了自己的内部表述。②学习是一种真实情境的体验。学习发生的最佳情境不应是简单抽象的，相反，只有在真实世界的情境中才能使学习变得更为有效。学习的目的不仅仅是要让学生懂得某些知识，而且还要让学生能真正运用所学知识去解决现实世界中的问题。

罗杰斯的人本主义学习观中有这样的观点：教学的任务就是创设一种有利于学习潜能发挥的情境，使学生的学习潜能得以充分发挥。教师的任务就是帮助学生对自我的理解；学生则通过参加学习活动，进行自我发现、自我评价和自我创造，从而获得有价值、有意义的经验。

二、构建自主型学习模式

在构建自主型学习模式中，学生是知识的主动建构者，是自主学习能力的主动培养者和提高者；教师是教学过程的组织者、主导者，是学生提高学科认知水平、自主学习能力、建构知识的指导者、帮助者和促进者；教材所提供的知识是学生主动建构的载体；教学媒体是学生主动学习、协作式探索的认知工具。课题组在教学实践中搭建“创设情景，激发学习”“借助媒体，引发问题”“自主探索，效果评价”三个环节，让学生自主学习能力的培养贯穿于每一个环节。

（一）创设情景，激发学习

通过教学情景的创设，充分调动学生智力因素和非智力因素，并使它们协同作用、和谐发展。以历史学科教学为例，通过播放视频文件（如《甲午风云》《辛亥革命》等），具体生动地呈现自主学习信息，使学生在具体可感知的情景中学习，可获得事半功倍的效果。此外，新颖独特的教学方法、多样而富有趣味的教学形式（如播放视频、问题探索讨论、分组比赛、上网阅读、交互式课件、游戏、戏剧化的表演、艺术性的语言等）均可为学生创设良好的学习情景，调动他们自主学习的兴趣和积极性。

（二）借助媒体，引发问题

学生通过教学媒体所展现的情景，或在教师的引导下发现学习上的问题或直接提出与学习内容密切相关的真实性事件（问题），以疑激趣，激发学生的求知欲，拓展学生阅读的广度，引导学生挖掘知识的深度，使他们的各种思维能力得到充分发展。

（三）自主探索，效果评价

学生围绕具体的教学目标或引发的问题，利用各种媒体提供的信息与资源，根据自己的实际和知识的特点进行独立地思考、探索，并在教师或同学的协同（师生、生生沟通，小组交流、汇报等）下，释义思辨，探索发现知识规律，分析问题结构，构思解题思路，比较、借鉴解题方法（包括别人的），汇报学习成果，共同体验建构的过程。

三、实践成果

通过较长时期的教学实践，学生认知能力的提升初见成效。

（一）调动了学生学习的积极性和主体性

课题组以2007届六个文科班作为研究对象，选定三个班作为实验班，其他三班为常规对照班。通过自主型学习模式的构建，实验班的学生能主动地参加到教学活动中来，学习的兴趣和注意力提升了；教师也能更有针对性地进行个性化教学。我们对实验班与对照班所做的学习态度、学习兴趣问卷调查表明，实验班学生在学习态度、学习兴趣方面都比对照班有较大幅度的提高。

（二）提高了学生自主学习的能力

以政治课教学中每一节课前的 5 分钟时事述评为例，刚开始时教师要事先布置好选题，指定好人选，渐渐地有学生主动请缨，选题的范围也逐步扩大，而且进一步贴近了学生的生活，选题的内容不仅有国内外重大的时事，更有学生自己关注的、迫切想进一步了解的重大时事及背景新闻；另一方面，经过相互合作，相互比拼，课前 5 分钟的时事述评做得越来越精彩。这一变化发展的过程充分说明了学生自主学习的能力在不断提高。

（三）提高了教学质量

文科综合的学习，不是政治、历史和地理三个学科知识的简单拼接，而是三个学科知识的融会贯通。自主学习型教学模式的研究表明，它不仅提高了学生的自主学习能力，而且对政、地、史三科知识的融合会产生积极的影响，潜移默化中提高了文科综合的教学质量。

（四）提高了学生掌握知识的效果

自主学习型教学模式的研究表明，通过自主学习，学生的主体地位鲜明突出，他们对知识的理解将会超越被动接受、支离破碎而变得积极主动、感悟深刻，对知识的掌握也会更自觉、更持久，从而提高了掌握知识的效果。

四、研究的创新点

（一）学生学习任务的个性化

在明确教学目标的前提下，教师不再大包大揽，而是提出单元学习主题，由学生根据自己喜欢的方式进行自主性学习，用个性化的方式（如：写出主干知识点、串接知识链、拟定专题、搜集背景材料等）展示自己的学习过程及成果（参见案例材料一）。

（二）学生学习形式的多样化

现代社会学习手段层出不穷，为学生学习形式的多样化提供了可能，这为课堂向课外延伸、课堂向社会延伸，培养和提升学生自主学习能力拓展了空间。首先是教师设定单元学习主题，然后学生利用图书资料库、多功能教室、走访社会、网络查询等方式进行学习，这样可以调动学生的学习热情，引导学生开动脑筋，展示自我特色，让学生在自主学习中提高认知能力（参见案例材料二）。

（三）学习过程的合作性

这里既有史、地、政教师的合作，也有学生间的合作和师生之间的合作。其特点在于打破学科界限，充分掌握知识的深度，得到多层次、多角度的认知，开阔学生视野，全面提高文科综合能力和素质（参见案例材料三）。

五、研究的进展

（一）教师教学观念的转变初见成效

在两年多的研究中，教师的教育观念发生了很大转变，一方面，课题组研究成员对目前实施的素质教育、新课程改革和创新教育有了更深刻的理解；另一方面，教师也从简单的一个教案一堂课的原有教学模式中走了出来，更重要的是，树立了大文科意识，“守好自家门，时常串串门”已成为史、地、政教师的共识。

（二）学生学习能力得到锻炼和提升

在两年多的研究中，课题组发现，学生的学科认知水平和能力不断增强，第一，学科专业术语的使用逐步规范、准确；第二，认识事物的多角度，解答问题的层次性，分析问题的全面性，叙述说理的思辨性均有较好体现。

（三）学生的学科素养

在两年多的研究中，由于史、地、政教师的协同努力，课题组明显地感受到，学生对文科综合的兴趣逐步浓厚，对文科综合的信心大大增强；与此同时，课题组也欣喜地感受到，学生的人文素养和文综底蕴变得厚实起来。

（四）学生学习习惯、学习方法也发生了重大改变

在两年多的研究中，课题组在研究过程中构建了相对宽松自由的学习环境，尊重了学生求知的意愿和认知能力发展的客观规律，促进了他们形成积极的学习态度和科学的学习策略，培养了他们的创新精神和实践能力。应该说，学生也是这次研究的受益者，通过两年多的锻炼，学生在学习习惯、学习态度和学习方法等方面都有了较大转变，他们将带着学习的硕果走向更加广阔的人生舞台。

六、研究的效果探讨

课堂教学中，师生活动围绕“三维”教学（学习）目标，要注意充分发挥教师的主导作用和学生的主体作用，要以学生的自主学习活动带动整个教学过程。在这个过程中应注意：充分调动学生的主观能动性，使学生掌握一套科学的自主学习方法，有效地提高他们的自主学习能力；让学生的知识在运用中得以巩固，使他们的各种思维能力得到发展；改善师生关

系，增进情感交流，创造和谐而热烈、紧张而有序的课堂气氛。

毋庸讳言，并不是所有的教学内容都适合自主型学习，因而在实施自主型学习时要注意教学内容的难度是否适合学生自主学习，学生是否具备了自主学习该课题的知识、能力，在教学时间的哪一个阶段运用自主型学习活动更有效果，学生在自主学习的过程中会碰到什么困难，要给他们哪些帮助，是全班学生学习同一课题，还是分组学习不同的课题……作为自主学习的主导者和组织者，教师事先要心中有数，更要合理安排，只有这样才能收到预期的效果。

参考文献

[1] 顾明远，孟繁华．国际教育新理念［M］．海口：海南出版社，2001.

[2] 邵瑞珍．学与教的心理学［M］．上海：华东师范大学出版社，1990.

[3] 王逢贤．学与教的原理［M］．北京：高等教育出版社，2001.

[4]［日］佐藤正夫．教学原理［M］．钟启泉，译．北京：教育科学出版社，2001.

附：支撑研究的证据

一、研究论文

(1)《巧用 CAI 破难点》(合肥市电教论文一等奖)

(2)《用多媒体辅助教学激发学生学习兴趣》(安徽省电教论文二等奖)

(3)《每节课 5 分钟　化平淡为神奇——时事述评活动综述》(合肥市政治学科论文一等奖)

二、研究课件

(1)《坚持集体主义价值取向》

(2)《人民解放战争的胜利发展》
(3)《战后的国际关系和两极格局的形成》
(4)《旅游景观的欣赏（一)》
(5)《实践对认识的决定作用》

三、课堂教学评比

(1)《国家的宏观调控》(安徽省二等奖、合肥市一等奖)
(2)《美国独立战争》(合肥市一等奖)

四、研究案例

(1) 案例材料一（单元主题：我国的人民代表大会制度)
(2) 案例材料二（单元主题：我看拿破仑)
(3) 案例材料三（单元主题：关于东北老工业基地的振兴)
(4) 案例材料四（单元主题：人口与环境的关系)

【感悟】与撰写经验型论文不同，结题报告属于学术型文章，其结构大致分为内容摘要、关键词、正文、（支撑证据的）附件和参考文献。以列举的参考文献为例，刚开始都不知道如何规范列举出参考文献。可以说，参与这次的课题研究，感悟多，收获大。

印象中，这一课题的时间跨度大，有变更，从项目编号推断，立项是2000年。课题申报时，总课题属于中央电教馆，大约是2002年冬季中央电教馆在北京召开课题开题报告会和培训会，学校指派我出席此次会议，这也是我第一次到北京。参会的过程就是学习、提升自我课题研究素养的过程，这为我接下来申报市级课题，独立完成该课题研究打下了基础。在京期间，我约见了1998年以县文科第一名考入中国青年政治学院，毕业后留京工作的学生L，在他的陪同下，利用晚上的时间，走马观花地去了读书人心仪的清华、北大、人大校园，当时很知足。此外，尽管北京的冬天很冷，我还是在会议期间的一天早晨起了个大早，赶往天安门广场观看了升旗仪式。作为学习活动的插曲，这给我留下了美好的回忆。

从参与他人负责的课题研究到自己全面负责一项课题研究，从早期的课题研究到今天的课题研究，变化发展的东西有很多，我的一点感悟是：无论是成功（立项被批准）申报课题，还是做课题研究，“实”最关键。所谓“实”，一是课题申报的选择一定要与自己的教育教学实践紧密相关，且具有实际应用的价值；二是课题研究的过程要实在；三是整理的课题研究实证材料要真实有效。其实，做课题研究的付出远比写一篇论文要多得多，但就教师的专业成长而言，做课题研究比写一篇论文的价值要大得多。

“自主、合作、探究”在高中政治、历史教学中的实践研究”结题报告

【动因】2013 年 5 月，为迎接本课题的结题验收，我和罗小平老师就政治和历史部分的过程研究分头撰写，结题报告的结构和统稿由我完成。

一、课题研究的背景和意义

作为省示范高中，我校从 1998 年实施“科研兴校”战略以来，先后承担多项课题研究。尤其是在实施新课程改革后，政治、历史作为文科学科，原有的课堂教学模式不仅难以适应新教材的要求，更难以满足学生学习新知识的需要。更新教学观念，转变教学方法，提高教学实效，让学生在学习中快乐起来，是不可逆转的趋势。

（一）课标要求

2006 年，我省全面进入普通高中新课程实验。高中新课改，在课程目标、课程结构、课程内容、课程实施、课程评价、课程管理等六个方面都有了很大改变。就课堂教学而言，新课改反对过于注重知识传授，

强调知识与技能、过程与方法、情感态度与价值观“三维”目标的达成，特别强调变“要学生学”为“学生要学”，要激发学生的兴趣，让学生主动参与、乐于探究、勤于动手、学会合作。

总体来说，新课程改革将改变学生的学习生活，也将改变教师的工作方式。这为我国高中教育的发展提供了前所未有的机遇，但同时也向我们提出了前所未有的挑战。

（二）我校教研改革的需要

自周品芳调任肥东一中校长后，不断地改革创新。2010 年 9 月，我校进行课时改革，把每天七节课调整为九节课，每节课由 45 分钟调整为 40 分钟；提出打造高效课堂的口号等。课时改革后，在实际教学中，按照旧观念、老方法教学感到每一节课时间不够，难以完成教学任务，使用穿新鞋走老路的政治、历史教学模式显然不能适应一中课改的需求。路在何方？教学方式改革的必要性、迫切性摆在所有一中人的面前，尤其是课题组的面前。只有改变观念、改革教学方法，才能适应一中课改的要求，才能打造出高效课堂。

（三）学情调查分析

1. 当下政治课堂教学的状况

（1）重课堂轻课下。教师的主要精力放在误堂教学的“一言堂”上，教师对学生的课前准备、课后作业的布置和检查多流于形式，重课堂轻课下，直接导致学生疏于及时巩固，有效学习效果大打折扣。

（2）重完成教学任务轻学习过程。思想政治课教材容量大与学校课时安排偏紧的不匹配，使很多政治课教师为了赶进度把完成教学任务放在首位，淡化了对学生学习过程和学习方法的引导，重完成教学任务轻学生学习过程，必将导致学生有效学习效果的下降。

（3）重知识传授轻能力培养。以上两点的惯性作用，导致多数政治课教师在教学过程中只注重知识的传授而忽视对学生进行政治学科能力的培养，进而导致学生有效学习效果不佳。

2. 当下历史课堂教学的状况

历史课堂教学状况除了有重课堂轻课下、重完成教学任务轻学习过程、重知识传授轻能力培养的特点外，还有如下特点：

(1) 重教师讲解，轻学生活动。目前的高中历史教学中，主要教学方式仍然是教师负责讲解，学生负责听，教学就是教师对学生单向的“培养”活动。它表现为：以教为中心，学围绕教转。教学关系成为我讲你听、我问你答、我写你抄、我写你背。在这样的课堂上，“双边活动”变成了“单边活动”，教代替了学，学生是被教会，而不是自己学会，更不用说会学了。教支配学、控制学，学无条件服从于教，教学由共同体变成了单一体，学的独立性、独立品格丧失了，学生的主体性被泯灭。因此，培养学生自主学习能力、探究历史规律的能力已刻不容缓。

(2) 重少数学生，轻全体参与。一中课时调整后，教师借口时间紧，多数情况下，在课堂提出问题后总是提问少数优秀学生，而大多数学生被冷落，教学活动参与面不广，教学效果可想而知，更不要说打造高效课堂。因此，面向全体，全员参与，合作学习，不落下一个学习困难的学生，就成为一中课改尤其是政治、历史教学改革的必由之路。

(3) 重结论，轻过程。在我校历史学科部课堂教学活动中重结论轻过程、重死记轻思考的教学现象屡见不鲜，虽经课改的冲击，有所好转，但仍未有根本扭转。为高效课堂的实现，这就要求教师以现代教育理论——建构主义教学理论为指导，突出学生的主体地位，科学安排教学的全过程，追求最佳教学效果。对此，课题组采用“探究性教学”，真正通过新情景、新材料的运用，培养学生研读史料、辨析史料、提取信息的能力，做到“论从史出，史论结合”。

如何适应新的教育形势？如何有效实施新课程改革？如何开展高效课堂教学？我们课题组试图建构符合学习认知理论和新课改理论的课堂教学模式——“自主、合作、探究”式教学模式。

(四)“自主、合作、探究”的界定

(1) 基本含义：教师创造性地运用教材，以学生为主体，诱发学生内在学习动机，激活课堂教学活动，引导学生通过自主学习发现问题，通过合作交流探究问题，从而获得独特的体验与感悟，进而提高解决问题的能力，形成扎实的学科学习能力，塑造学生优秀的个性心理品质。这是我们对“自主、合作、探究”式教学模式基本含义的界定。

(2) 基本特征：“自主、合作、探究”式课堂教学模式区别于“教师口授、板书，学生耳听、笔记，以教师为中心”的传统教学模式。我们倾向于“主导—主体论”，即以教师为主导，以学生为主体，在建构“自主、合作、探究”式课堂教学模式时，我们充分考虑传统教学模式和现代教学模式的优势互补：在这种模式下，学生是主体、是中心，是知识意义的主动建构者，学生的地位将由传统模式的被动接受者转变为主动参与者，学生将成为知识的探索者和学习过程中真正的认识主体；同时，这种教学模式并不忽视教师的地位和作用，而是强调教师角色的变化，在整个教学过程中发挥组织者、指导者、帮助者和促进者的作用，最终达到使学生有效地建构当前所学知识的意义和目的。

总之，在这种课堂教学模式中，“自主”是实现“合作、探究”的基础和前提，而“合作”则是学习的重要组织形式，是促进“探究”的有效途径。

（五）课题研究的意义

(1) 改变当前学生被动学习的局面，把教学活动的重点聚焦到学生的“学”上，确定学生在学习中的主体地位，倡导学生主动参与、合作交流、探究发现，促进学生发展，重视学生主体参与意识和能力的培养，提高课堂教学的有效性。

(2) 在一定意义上转变教师的角色定位，由原先的知识传授者、课堂学习的规定者转变为“节目主持人”的角色，从而避免传统教学的“一言堂”“满堂灌”，以期“自主、合作、探究”的真正实现。

(3) 通过“自主、合作、探究”教学，力求实现社会科学的人文性和指导性的统一，并在“情感、态度、价值观”等方面收到良好的效益。

(4) 通过“自主、合作、探究”教学来优化课堂教学结构，提高教育教学质量，提升我校作为省示范高中在教育教学实践中的示范和引领作用。

二、课题研究的依据

（一）理论依据

（1）新课程改革的核心理念之一就是要将课堂教学中教师的系统讲解转变为引导、发现，凸显学生的自主学习，促进教学过程中的师生互动、鲜活、高效。

（2）新课改理念为课堂教学鲜活起来提供了契机，与传统的教学模式相比，新课改对课堂教学的基本要求是注重学习的过程，开放性是其重要特点，联系学生实际，解决学生身边的问题是教学的重要环节。

（3）贴近学生生活、贴近学生实际、贴近学生需要是新课程改革对课堂教学的又一重要要求。“三贴近”的落实过程凸显了教学过程中学生的主体性和教师的主导性，进而要求教师必须转变教学方式。

（4）《综合探究》《探究活动课》是政治、历史新课程改革的一大亮点。开展探究活动是课堂教学鲜活起来的有效载体，通过探究活动的开展，不仅让学生参与到教学中来，而且可以深化学生对所学知识的理解，拓展学生的思维，锻炼和提高学生的学习能力。

（二）实践依据

我校是省示范高中，为保证向高校输送更多更好的合格学生，必须注重学生的能力提升。同时，为了更好地适应新课程改革，凸显新课标的引领作用，发挥省示范高中的引领和示范作用，转变教学方式、提高课堂教学的实效性是我们的责任所在。

三、课题研究的目标

构建学生为“演员”（主体）的“自主、合作、探究”学习，教师为

“导演”（主导）的“引导、点拨”为主要特征的教学新模式。其重点是更新教学观念和教学方法，提高教育教学的实效性。其难点是破除“穿新鞋走老路”。

四、课题研究的范围和对象

1. 范围

高中政治、历史教学。

2. 对象

我校高中一年级至三年级三个级部的普通班和特长班学生。

五、课题研究的方法

(1) 文献研究法：通过查阅、收集、分析、综合有关高中政治、历史有效教学策略的科研文献材料，获取所需的信息，以指导和充实我们的课题研究。

(2) 调查研究法：通过运用问卷、访谈、测量、研究等科学方式，有目的、有计划、系统地收集有关问题或现状的资料，从而获得关于课题研究的相关事实，并形成关于课题研究的科学认识。

(3) 行动研究法：在一定的理论指导下，创造条件，通过课堂教学实践对研究对象施加影响，有目的地观察记录研究对象的变化，从而深入开展课题研究。

(4) 资料积累法：课题组成员结合自己的课堂教学和自己所任教的班级学生，尽可能多地将一些成功的教学案例和学生成长进步的案例积累下来，作为研究总结此教学模式、建构策略优劣的重要参考资料和研究成果。

(5) 经验总结法：结合课题研究，定期或不定期地总结做法与体会，并撰写心得体会或专题论文。

六、课题研究的步骤

(1) 开题启动阶段（2010 年 5 月）　2010 年 5 月，在获悉本课题被市教育规划处确定为立项课题后一周，在校教科室的召集和指导下，课题组成员举行了动员和开题会，会上第一负责人张文业就本课题的实施方案和实施计划做了解读，并就各成员承担的任务做了具体分工和说明，同时就研究过程的细节问题提出了进一步的要求。

(2) 第一阶段（2010 年 5 月 8 日）　收集整理已取得的与本课题研究相关的材料，在此基础上按照课题实施方案和计划的要求进一步开展研究和实践。

这一阶段通过对收集材料的梳理，对照课题实施方案和计划，我们发现课题组成员已自觉或不自觉地、零散地在“自主”“合作”“探究”等方面进行了教学实践或理论思考，为此，我们召集课题组成员开会交流，在会上我们进一步明确了下一步的研究方向，要求将“自主、合作、探究”教学方法系统地、自觉地运用到我们的教学实践中去，同时课题组写出中期研究报告。

(3) 第二阶段（2010 年 9 月至 2012 年 1 月）　开展系统研究，做好阶段性总结，并将研究过程中获得的相关材料收集、整理、初步分类归档。这一阶段是我们课题组成员分头独立开展学法研究的重要阶段，也是收获最多的阶段。

(4) 第三阶段（2012 年 1 月至 7 月）　在阶段性总结的基础上，进一步充实完善本课题研究，同时按照组织程序提请结题申请报告，做好迎接结题验收的各项准备工作。

(5) 第四阶段（2013 年 1 月至 6 月）　在专家组的指导建议下，调整课题研究，充实研究过程材料，做到过程与结果并重，完善结题报告，重新申请成果鉴定。

七、“自主、合作、探究”的教学策略

（一）引导学生树立正确的学习观，从激发兴趣到挖掘潜能，奠定自主学习的基础

托尔斯泰说过，“成功的教学所需要的不是强制，而是激发学生的兴趣”“兴趣是最好的老师”。只有学生对学习的内容感兴趣，才会产生强烈的求知欲望，自动地调动全部感官，积极主动地参与教与学的全过程。为此，教师在教学中要善于创设教学情境。根据学生的生活经验，创设学生感到亲切的情境，能使学生在愉悦的气氛中学习，唤起学生强烈的求知欲望，这是教学成功的关键。新课程改革坚持以学生发展为本的理念，帮助学生树立起“我要学”的正确学习观，是构建自主学习的起点。

课题组负责人罗小平在教授“土地革命”一目的做法为：

在学习完“土地革命”的内容和意义后，他组织学生一起唱《农友歌》：

霹雳一声震哪乾坤那（震哪乾坤哪）
打倒土豪和劣绅哪（打倒土豪和劣绅）
往日穷人矮三寸哪（矮三寸哪）
如今是顶天立地的人哪（立地的人哪）

学生兴趣盎然，课堂气氛活跃。这时教师结合歌词中“打倒土豪和劣绅”“往日穷人矮三寸”“如今是顶天立地的人”，得出土地革命的内容（打土豪，分田地）和意义（政治上翻了身，经济上分到了土地，翻身的农民踊跃支持革命，革命积极性高涨）。

【设计意图】通过这样的教学，学生不但牢固地掌握历史知识，而且激发了学习历史的兴趣，为学生自主学习创造了有利的条件。

以政治课题组课前 5 分钟时事述评为例：

新课程改革坚持以学生发展为本的理念，学生学习知识是为了更好地认识世界和改造世界，学以致用是教学的归宿和落脚点。有效学习要求教师立足于培养学生终身学习的能力，帮助学生树立起“我要学”的正确学习观是构建自主学习的起点。例如，在时政热点复习中，课题组成员安排了课前 5 分钟时事述评活动。刚开始时，教师要事先布置好选题，指定好人选，渐渐地有学生主动请缨，选题的范围也逐步扩大，而且也进一步贴近了学生的生活。选题的内容不仅有国内外重大的时事，更有学生自己关注的、迫切想进一步了解的重大时事及背景新闻；另一方面，经过相互合作，相互比拼，课前 5 分钟的时事述评做得越来越精彩（具体案例参见附后的《精编学生案例集》）。

【设计意图】这一变化发展的过程充分说明学生树立了正确的学习观，学生自主学习的能力在不断提高，时政热点复习的有效性也逐步显现出来。

（二）自主、探究的方法引导：引导学生转变学习方式——授之以渔

教育的核心内容是塑造学生的创造人格和个性，其基本途径是对思维方法的掌握。在课堂教学中，教师在传授知识的同时，要向学生展示正确的思维过程，让学生掌握基本的思维方法，培养学生的思维能力。课题组在课题研究过程中创新课堂教学模式，把“自主、合作、探究”在高中历史、政治教学中的实践研究以宏观把握、微观探究的教学模式呈现，收到了良好的效果。

课题组负责人罗小平在教授必修 2 第 9 课《近代中国经济结构的变动》时，根据这一模式，体现这一理念的部分教学设计为：

【宏观把握教材】

浏览教材的三个子目，思考：鸦片战争后，中国经济结构发生了哪些变化？

学生：中国自然经济的逐渐解体、洋务运动、中国民族资本主义的

产生。

教师：洋务运动是历史事件还是经济结构？（学生笑）是洋务运动中出现的洋务企业。此外，还有伴随着列强的经济侵略而出现的外国资本主义企业。

中国经济结构变动的表现：（屏显）

中国自然经济的逐渐解体、洋务企业的出现、中国民族资本主义的产生、外国资本主义企业。

【设计意图】通过浏览课文，思考中国近代经济结构变动的表现，宏观把握课文编写的思路来整体感知近代中国的经济结构，从而培养学生的宏观概括能力，提高高一学生的人文素养。

【微观探究教材】

以“洋务运动”为例：

教师：如果让你来编写教材，你会从哪些方面写洋务运动？（思维点拨）

学生：背景、过程（内容）、结果、影响。

教师：还有呢？（启发学生）洋务运动是什么时候发生的？由哪些人开展？

学生：（概况）。

教师：那洋务运动的背景有哪些呢？

学生：第二次鸦片战争以后，清政府处于内忧外患的窘境中；洋务派的出现；为了摆脱内忧外患，维护清朝的封建统治，洋务派掀起了一场运动。

教师：谁能告诉同学们“内忧外患”的具体表现是什么？

学生：“内忧”指中国国内爆发的太平天国运动等革命运动，“外患”指列强的侵略。

教师：概况呢？

学生：洋务派在中央以恭亲王奕䜣为代表，在地方以曾国藩、李鸿章、左宗棠、张之洞为代表，从 19 世纪 60 至 90 年代掀起一场洋务运动。

教师：19 世纪 60 至 90 年代，正处在同治和光绪年间，所以旧史书上称“同光新政”或“自强新政”。

教师：谁能告诉老师洋务运动的内容有哪些？

学生：内容：①创办近代军事工业；②创办近代民用工业；③筹划海防，建立三支海军；④创办新式学堂，选派留学生出国。

教师：分组学习洋务运动的内容，每一组思考：这一内容具体包括哪些知识点？

各组学生交流、展示（创办近代民用工业需要掌握：时间、旗号、原因、四个代表的企业）。

教师：出示材料引导学生得出："近代民用工业"手段是指：机器生产；创办民用工业还有一个目的，即"分洋商之利"；性质：资本主义性质的企业。

【设计意图】通过分组合作学习发挥学生的主体性，通过教师出示材料微观探究"近代民用工业"的手段、目的和性质。这从根本上扭转教师教，学生学，教多少，学多少的传统教学模式，建立以教师为主导，以学生为主体的课堂教学模式，建构"自主、合作、探究"，即"主导—主体论"双主的教学模式。

结果：甲午战争清军失败宣告了洋务运动的破产。

影响（评价）：教师出示材料。

材料一　西人立国"论政于议院，君民一体，上下同心，务实而戒虚，谋定而后动，此其体也。轮船、火炮、洋枪、水雷、铁路、电线，此其用也。中国遗其体而求其用，无论竭蹶趋步，常不相及；就令铁舰成行，铁路四达，果足恃欤？"——郑观应

材料二　洋务运动所办的工业，丝毫没有改变和减轻中华民族所遭受的帝国主义侵略和压迫，也没有改变和减轻人民所遭受的封建剥削和压迫，相反地，维持和加强了压迫、剥削的力量。——刘大年

材料三　洋务运动顺应世界潮流，为缩小中外差距做了最彻底的努力，实现了从手工业制造转入机器生产的起步，缓慢地朝资本主义方向挪动，客观上为中国的独立和进步积累着物质力量，向近代化迈出了第一步。——李时岳

上述材料对洋务运动持何态度？

结合材料和所学知识，谈谈你自己的看法。

在学生解答题目时，教师引导学生从材料中得出“体”“用”的含义，并画出关键词句，启发学生得出：

郑观应持批评态度，批评洋务派只学技术不学制度是舍本逐末；刘大年持否定态度，认为洋务运动没有实现国家富强，没有减轻人民的压迫，其目的是维护封建统治；李时岳持肯定态度，认为洋务运动推动了中国的工业化和近代化，顺应历史潮流。

教师以唯物史观指导学生评价洋务运动。

进步性：

第一，洋务派引进西方先进技术，培养一批科技人才，在客观上促进了民族资本主义的发展。

第二，洋务运动的开展有利于中国的经济（工业）近代化，军事近代化和教育近代化，迈出了中国近代化的第一步（注意：引导学生“史论结合，论从史出”）。

第三，第一批近代工业的兴办，对外国经济势力的扩张也起到一定的抵制作用，对本国封建经济的瓦解也起到了一定的促进作用。

局限性：

洋务运动只是引进西方先进技术，没有彻底变革腐朽的封建制度，布新而不除旧，这就注定了洋务运动没有也不可能使中国富强起来，洋务派想以此达到维护清王朝统治的目的也是不可能的。

教师：以顺口溜的形式小结洋务运动相关内容：

洋务派，学西方，曾李左张恭亲王；（概况）
建工厂，欲富强，兴建学堂留学忙；（内容）
筹海防，显锋芒，威海之役断人肠；（内容）
觅缘由，原旧强，中体西用致命伤。（原因）

教师仿《三国演义》主题歌编歌曲：

黯淡了“自强”“求富”，远去了“洋务运动”；
耳边传来了一串串隆隆的轰鸣声（创办近代工业）；
沉没了“开平煤矿”，远去了“汉阳铁厂”；
岁月啊！你带不走那“近代化”的脚步。

【设计意图】通过教师出示材料、点拨阐述影响的方法，引导学生深入地微观探究洋务运动的影响，培养学生以唯物史观来评价历史事件的阐述问题的能力。以编顺口溜、编歌曲的形式来掌握课文内容，同时活跃课堂气氛、培养学生学习历史的兴趣。

课题组成员 L 在高三政治复习中“授之以渔”的两例做法为：

例一，在“我要学”的基础上引导学生转变学习方式，强化“我会学”，即将学生自主学习与方法探究结合起来。教师要求学生学会将四个模块的知识点“打结织网”，构建知识网络，抓住知识点间的内在联系。在明确复习目标的前提下，教师不再大包大揽，而是提出单元学习主题，由学生根据自己喜欢的方式进行自主性学习，用个性化的方式（如：写出主干知识点、串接知识链、拟定专题、搜集背景材料等）展示自己的学习过程。比如：H 学生对唯物论的知识点做如下串接：“世界的本原是物质—物质是运动的（存在方式）—物质运动是有规律的—规律是客观的—人们可以认识和利用规律（可知论）—既要尊重规律又要发挥人的主观能动性（正确态度）”；Z 学生对不同模块知识点的理解串接：经济学上“国家的宏观调控”可以切换成政治学上“政府履行经济职能和社会公共服务职能”。强化“我会学”的过程就是提升有效学习的过程。

【设计意图】引导学生转变学习方式，将学生自主学习与方法探究结合起来。

例二，新课程“三维”目标中能力目标是最重要的着力点，且高考以能力立意为考查重点，这要求教师在高三复习备考中，必须引领学生提升学习能力，“授之以渔”。以题型归类为例，通过相同或相似题型的比对分析，让学生在感悟中抓住不同题型的解题要领。比如图表类题目：①组织答案遵循先总后分的原则；②使用图表中的标题、筛选并分析图表的内容或结构，做到突出重点；③不忽视分析“小注”的内容；④注意点明图表现象背后折射的本质。再比如材料类题目：①仔细审题，明确模块知识或限定的原理（指向性）；②提取材料中的有效信息转化为学科知识点（迁移性）；③扣住“题眼”，分清原因、意义、作用、措施、体现、依据、影响、分析说明、解决办法、提出建议等的答题侧重点（规范性）；④组织答案做到原理“先行”，即学科原理写在每个小点的最前面且要用准写足；⑤组织答案要注意做好“包装”，即使用限定的原理或模块知识对材料中的有效信息进行分析，做到“理例结合”。教会学生解题的方法和技巧，“授之以渔”，是固化有效学习的重要环节和有力举措。

【设计意图】通过探究整合，教会学生解题的方法和技巧，“授之以渔”，是固化有效学习的重要环节和有力举措。

课题组成员 C 在高三历史复习中“授之以渔”的两例做法为：

高考以能力立意为考查重点，阐述影响的考查是历史高考中很突出的，这要求教师在教学中，必须引领学生提升学习能力，“授之以渔”。例如，以唯物史观阐述影响，从积极（进步性）、消极（局限性）两方面论述。具体的模式可归纳为时空模式、政经文模式等。

时空模式：立足“当时”，着眼“将来”；立足“本国”，放眼“世界”。

（1）以雅典代表的古代希腊民主政治的影响为例：

进步性：

（对当时）它重视公民的个体自由和责任感，铸就了希腊人渴求知识、乐于探究的民族性格，使古代希腊在众多文化领域取得辉煌成就，产生了一大批文化巨匠；（对后世）其民主政体的理论和实践为后来欧美资产阶级提供了思想基础，古代雅典的奴隶主民主政治制度与实践成为近代西方政治思想和实践的源头。

局限性：

雅典民主政治维护奴隶主贵族的统治地位和利益，其实质是建立在奴隶制基础之上的少数人的民主。雅典民主只是“成年男性公民当家做主”的政治制度，民主对妇女、外邦人、广大奴隶而言，是遥不可及的，它与现代民主是不同的，它窒息和限制了社会另一部分成员的自身发展能力，带有很大的局限性。

政经文模式：政治上、经济上、思想文化上。

（2）以辛亥革命的影响为例：

进步性：

辛亥革命是近代中国历史上一次伟大的资产阶级民主革命（性质）。

政治上，辛亥革命推翻了清王朝，结束了统治中国两千多年的封建君主专制制度，建立了中国历史上第一个资产阶级共和国。

经济上，推翻了“洋人的朝廷”，客观上为民族资本主义的发展创造了有利的条件。

思想上，使民主共和的观念开始深入人心，带来一次思想上的解放，激发了人民的爱国热情和民族觉醒。

局限性：

民族资产阶级具有软弱性和妥协性，辛亥革命没有改变中国半殖民地半封建的社会性质，没有完成反帝反封建的革命任务。

【设计意图】在探究活动中，教会学生解题的方法和技巧，“授之以渔”，是固化有效学习的重要环节和有力举措，同时培养了学生的历史思维能力。

（三）学生自主、合作、探究学习与教师引导、疏导、点拨相结合

课堂教学是实施有效学习的大舞台，在学生进行合作、探究的过程中，教师可相机点拨引导，以保证学生学习的方向性和学习效率。高中阶段是学生思维发展的黄金时期，学生合作、探究学习的过程正是思维发展的良好时机，这时教师的点拨引导就非常重要。教师既要放手让学生合作探究，又要不失时机加以点拨、引导，既要尊重学生按照自己的意愿去选择学习的内容和方式，又要督促学生积极地参与。教师在点拨、引导学生时要做到：关心呵护，但不姑息迁就；热忱帮助，而不是冷淡歧视。在保护学生思维的积极性的同时，通过点拨、引导以培养、拓展学生的思维。学生在合作、交流遇到困难时，常常会产生“愤”“悱”的情绪，这时教师还要注意及时引导，通过点拨、启发、类比、联想、提示、示范、变换角度、回忆旧知识、指明方向、逆向思维等方法进行引导，将学生的自主、合作、探究学习真正落到实处。

课题组负责人罗小平在讲授“百家争鸣”的影响时的教学设计为：

以“百家争鸣”争什么、“百家争鸣”以什么争、“百家争鸣”对后世有什么影响三问来点拨引导学生。

教师："百家争鸣"争什么？

学生：争见解、争主张、争思想。

教师：各家都提出了不同的思想主张，是不是活跃了思想？因此"百家争鸣"是一次思想解放运动，而且在中国历史上是第一次，所以，"百家争鸣"是中国历史上第一次思想解放运动，这也是它的性质。

教师："百家争鸣"以什么争？

学生：著书立说。

教师：既然各家都提出了不同的思想，纷纷著书立说，是不是丰富了中国的传统文化，所以，"百家争鸣"的影响：丰富了中华民族的传统文化。

引导到这里，学生似乎认为"百家争鸣"的影响就没有了。这时，教师进一步点拨。

教师：刚才我们都是从对当时（春秋战国时期）的影响来分析的，下面我们该从哪个方面分析？

学生：（很自然地得出）从对后世的影响来分析。

教师：谁来说说？

学生：为后世思想文化的发展奠定了基础。

教师：非常好！补充：春秋战国时期的"百家争鸣"也成为中国学术文化、思想道德发展史上一个重要阶段。以上我们分析影响是按什么模式来分析的？

学生：时空模式。

教师：以后分析影响时，注意揣摩、运用这种时空模式！

（注：2011 年 8 月省考试院一行到我校调研高三历史学科高考复习时，徐副院长在和罗小平及历史学科部老师交流后点评指出，这一教学方法可取，希望在历史教学中加以推广。）

【设计意图】"百家争鸣"的影响是这节课的重点，学生通常是通过死记硬背来掌握。本节课中，我以三个问题来点拨引导学生通过合作、思考得出"百家争鸣"的影响。既启发了学生的思维，又加深了学生的理解，实现情感、态度和价值观目标；既发挥了学生的主体性，又体现出教师的主导性，较好地体现了学生合作学习与教师点拨引导的相结合。

课题组成员 K 的“概念”讲解的做法为：

“冷战”的概念是必修一第 25 课《两极世界的形成》的重点和难点。而教材对“冷战”的表述是：以美国为首的西方资本主义国家，针对苏联等社会主义国家采取了除武装进攻之外的一切敌对行动（只讲冷战的对象、手段，即谁和谁战？怎么战?)。他在讲述这一概念时以“谁和谁战”“在什么时候战?”“怎么战?”“为了什么而战?”的提问来启发、引导学生得出完整的概念。“冷战”是指：1947－1991 年，以美国为首的西方资本主义国家针对苏联等社会主义国家采取了除武装进攻之外的一切敌对行动，以遏制共产主义（冷战的时间、对象、手段、目的，即什么时候战?谁和谁战？怎么战？为了什么而战?)。

【设计意图】通过提问来启发、引导学生得出完整的概念，深化学生自主学习的效果。

课题组成员 X 在教学《社会发展的规律》的教学设计为：

第一个环节：在学生课前预习的基础上，请 A 学生在电子白板上写出本框的主干知识点，然后请其他学生进行补充、修正（这是为了体现学生间的一种合作学习的状态），期间，教师根据教育教学目标的要求进行适时的引导，以进一步完善本框的主干知识点。

【设计意图】利用多媒体展示和检查学生自主学习的效果。

第二个环节：教师问：社会存在与社会意识和我们前面学习过的存在与思维、物质与意识、客观与主观有何异同？（学生要明确：在社会领域我们使用社会存在与社会意识；哲学的基本问题我们使用存在与思维；物质与意识是马克思主义哲学的基本概念；在实际生活中，我们使用客观与主观，本质上是一致的）如何理解意识的相对独立性？（学生要明确：相对独立性是一种特殊的反作用，它有两种情形，它仍然是第二位的，不是决定作用）生产力对生产关系、上层建筑对经济基础具有反作用，这里的“反作用”是“反映”吗？(学生要明确：二者不是一回事，不能混为一谈）

【设计意图】以教师的引导来深化学生的自主学习。

第三个环节：教师追问：如何理解“当上层建筑为先进的经济基础服

务时，它就促进生产力的发展，推动社会进步；反之亦然。”如何理解“社会主义社会的基本矛盾不是通过阶级斗争的方式解决，改革是社会主义的自我完善和发展。”“生产关系一定要适合生产力状况的规律，上层建筑一定要适合经济基础的规律”为什么是社会发展的普遍规律？为什么“社会发展的总趋势是前进上升的，发展的过程是曲折的”，它和事物发展的趋势和过程是怎样的关系？（学生展开讨论，并根据所学知识进行解释）

【设计意图】以教师的追问来促进学生的合作、探究学习。

课题组负责人张文业在全国参赛课《在文化生活中选择》体现合作、探究学习的“选择”部分的教学设计为：

提问：为什么在我们社会主义国家，仍然存在落后文化和腐朽文化？

明确：落后文化也会采用现代传播手段肆意扩散，腐朽文化往往变换新的形式蔓延，日益开放的文化环境，使辨析落后文化和腐朽文化需要面对多种信息渠道。

追问：今天，面对各种思想文化的相互交织、相互激荡，我们应该选择什么样的文化？

出示PPT：各种思想文化的相互交织、相互激荡的Flash演示。（通过直观演示，引导学生做出正确选择）

明确：大力发展先进文化，支持健康有益文化，努力改造落后文化，坚决抵制腐朽文化，是我们加强中国特色社会主义文化建设的必然要求。

【设计意图】通过学生的探究学习，利用Flash动画，引导学生做出正确选择。坚信只有健康向上的文化生活，才能对我们的成长起到积极的作用，而落后的、腐朽的文化会毒害我们的心灵，影响我们的身心健康。这里利用Flash动画变抽象为直观，增强学生的理解能力，实现情感、态度和价值观目标。

（四）建构师生交流平台，鼓励自主探究精神

在有限的课时内完成教学任务是对教师的起码要求。教师一节课讲得满满当当，教学效果肯定不是最佳，且与新课程改革的要求也是相悖的。一节课教学应该“留有余地”。在课堂教学中“留有余地”，构建师生交流

的平台，引导学生提出问题，鼓励学生发出质疑，发表独到见解，在交流中深化对知识的理解，在答疑中发现学生的需要，在弥补“短板”中提高教学效果和学习效果，做到教学相长。

课题组负责人张文业在高三复习课教学中鼓励学生自主探究的做法为：

例如在复习经济学计算题归类时，C学生发现并提出，都是物价上涨了，为什么通货膨胀率和货币贬值率的计算方法是不一样的？二者的关系是怎样的？在表扬C同学善于发现问题的同时，我找了对应的两道高考题进行解析和释疑。事后，我将这一问题整理成论文《从两道高考计算题看通货膨胀率与货币贬值率的异同》，发表于《思想政治课教学》（2011年第4期）。在复习认识论时，S学生发现并提出“真理是客观的”（教材第二单元第六课第二框第一目，第49页）表述是不科学的，应表述为“真理是客观性的认识”。在肯定S同学勇于质疑问题的同时，我引导他和其他学生一起在教材中寻找理论依据。事后，我将这一问题整理成论文《“真理是客观的”的表述值得商榷》，发表于《中学政治教学参考》（2010年第3期）。

【设计意图】自主、合作、探究的落脚点之一就是要引导学生在学习的过程中发现问题，进而师生合作运用已掌握的知识去解决问题。

课题组负责人张文业在全国参赛课《在文化生活中选择》结尾部分的教学设计了两个环节为：

第五环节：小试身手

出示PPT：自由论坛——我看文化生活

要求：（1）时间5分钟；（2）同桌间相互交流；（3）记下交流要点。

【设计意图】课堂上留有一定的时间让同桌间相互交流，这不仅能将所学知识得到及时巩固与深化，同时，也可以张扬一下学生的个性，了解学生的真实情感。

第六环节：课后作业

请同学们将交流要点扩展为政治小论文，及时发送到老师的邮箱或

QQ 上。

【设计意图】以网络为支撑布置个性化的作业，不仅拓展了课堂，而且有助于真实了解学生巩固知识、应用知识、理解知识的个性差异，有利于加强师生之间的沟通和交流。

利用信息技术整合课本知识是传统教学无法实现的。这里利用网络邮箱或 QQ 的方式来检验和反馈教学效果，了解学生的真情实感，增进师生交流，进而实现知识、能力与情感、态度、价值观“三维”目标的有机统一。

课题组成员 S 在必修三《文艺复兴和宗教改革》“本课要旨”的教学中，设计的环节为：

【牛刀小试】

在学生朗读完这段“本课要旨”后：

教师出示 PPT：宗教改革后，西欧社会仍信仰上帝，那这不是以神为中心吗？怎么说“宗教改革进一步发展了人文主义”？

要求：(1) 时间 5 分钟；(2) 同桌间相互交流；(3) 点拨：从马丁路德宗教改革的内容、意义去思考分析 (4) 记下交流要点。

马丁路德宗教改革的内容：只要虔诚的信仰上帝，灵魂便可以得救；每个基督徒都有直接阅读和解释《圣经》的权利。这就是说灵魂得救的标准在于是否信仰上帝，而不是购买赎罪券。

这就极大地挑战教皇和天主教的权威，使人获得精神上的自由和灵魂得救的自主权，从神学的角度论证了人的自由和独立性。提倡人的个性解放，获得更多的个性自由。

【设计意图】课堂上留有一定的时间让同桌间相互交流，这是对学生合作学习过程的深化；教师不失时机加以点拨，这不仅能将所学知识得到及时巩固与深化，同时，也可以培养学生的学科思维能力。

【延伸探究】请同学们将交流要点扩展为历史小论文，及时发送到老师的邮箱或 QQ。

【设计意图】利用网络邮箱或 QQ 的方式来检验和反馈教学效果，是“自主、合作、探究”教学模式在课后的延伸，是传统教学不可替代的。

八、课题研究取得的初步成果

（一）教师的教育观念得到了更新，教学能力有了不同程度的提高

在两年的课题研究实践中，教师的教育观念发生了很大转变：一方面，课题组研究成员对目前实施的新课程改革和创新教育有了更深刻的理解；另一方面，教师也从简单的一个教案一堂课的原有教学模式中走了出来，他们体会到新课改的好处，放手让学生去自主、合作、探究学习，教师重在答疑解难的点拨、学习方法的引导和典型题例的归类上，这收到了事半功倍的功效。

（二）学生的学科认知能力和思辨能力得到了不同程度的提升

在两年的课题研究实践中，课题组发现，学生的学科认知水平和能力不断增强：第一，学科专业术语的使用逐步规范、准确；第二，认识事物的多角度，解答问题的层次性，分析问题的全面性，叙述说理的思辨性均有较好体现。

（三）学生学习习惯、学习方法也发生了不同程度的改变

在两年的课题研究实践中，课题组在研究过程中构建了相对宽松自由的学习环境，尊重了学生主观求知的意愿和认知能力发展的客观规律，促进了他们形成积极的学习态度和科学的学习策略，培养了他们的创新精神和实践能力。应该说，学生也是这次研究的受益者，通过两年的锻炼，学生在学习习惯、学习态度和学习方法等方面都有了较大转变，学生的人文素养和文综底蕴变得厚实起来。

该课题研究的成果大致为：

1. 课堂教学比赛

张文业《在文化生活中选择》（2011 年 12 月第九届全国高中信息技术

与课程整合优质课大赛一等奖）；储建兵《资本主义政治制度在欧洲大陆》（2009 年合肥市优质课大赛一等奖、省三等奖）；开玉龙 2010 年 12 月《国共的十年对峙》（合肥市高中历史课堂教学评比大赛一等奖）。

2. 课例

张文业老师执教的《在文化生活中选择》2011 年 12 月在海南参加第九届全国高中信息技术与课程整合优质课大赛并获得一等奖，该教学录像于 2012 年 9 月在全省征集优秀教学录像课中作为精品课收录在安徽省基础教育资源网和安徽教师工作室供全省教师观摩学习；罗小平老师执教的《近代中国经济结构的变动》（肥东县高中历史教学观摩课课件）、《开辟新航路》（校教研开放周课件）；S 老师执教的《孝文帝改革》（校教研开放周课件）；C 老师执教的《明清君主专制的加强》（合肥市课堂教学比赛课件）；X 老师执教的《唯物主义与唯心主义》（县公开课课件）；K 老师执教的《国共的十年对峙》（合肥市课堂教学比赛课件）。

3. 发表、获奖论文

张文业老师《“真理是客观的”表述值得商榷》发表于《中学政治教学参考》、《提升课堂教学的鲜活性》发表于《中学政治教学参考》、《从两道高考计算题看通货膨胀率与货币贬值率的异同》发表于《思想政治课教学》、《提升学生多层次、多角度的学科认知能力》课题研究的体会发表于《新课程研究》（教师教育）、2011 年 11 月《构建高效课堂教学的思考与实践》（肥东县第三届中青年学术论文评比（教育组）一等奖）、2011 年 12 月《新课程理念与老传统教法碰撞之后》（教育叙事市三等奖）。

L 老师 2011 年 1 月《新课程高中思想政治课堂教学实施的探究》发表于《考试报》。

C 老师 2011 年 2 月《小议新课改下历史课堂讨论法》（全国论文评比二等奖）、2010 年 7 月《从历史人物的精神中看情感态度和价值观》（合肥市中学历史论文评比二等奖）、2011 年 9 月《教育　想说爱你不容易》（教育叙事市二等奖）。

S 老师 2012 年 7 月《教育资源均衡发展背景下提高农村中学历史教师信息素养初探》（合肥市中学历史教学论文评比一等奖）、2011 年 11 月《〈教育规划纲要〉实施背景下农村中学人文学科教学展望》（肥东县第三届中青年学术论文评比（教育组）一等奖）。

K 老师 2010 年 7 月《浅谈历史教学的时代感》（合肥市中学历史教学论文评比一等奖）。

4. 学生参与活动材料

《学生归纳知识结构案例》（选录 20 篇）、《学生时事述评案例》（选录 20 篇）。

近几年，贯彻“自主、合作、探究”的教学方法，课题组老师在全国、省、市的课堂教学评比活动中屡获大奖，所撰写的多篇论文发表在学科教学的核心期刊上或在省、市教学论文评比中获奖。在我校每年举办的教研开放周活动中，课题组老师以“自主、合作、探究”为模式的课堂教学得到了全县教育同仁的高度评价。课题组在推行“自主、合作、探究”的课堂教学模式过程中，为我校打造“文科战略”品牌、教育教学质量一路攀升奠定了坚实的基础。

九、课题研究的自我评价与社会影响

（一）自我评价

自主、合作、探究教学模式的建构是我校政治、历史学科部部分教师为顺应新课程改革要求的一次探索和尝试，目的是为了多层次、多角度地培养学生的学科认知能力和创新精神，凸显学生的主体地位，进一步提高教育教学效果。在课题研究的过程中，教师的教育观念发生了转变，树立了大文科意识；教师的教学方式发生了变化，教学方式和手段丰富多彩；教师的教学方法发生了变更，多样化的方法赢得了学生和家长的广泛赞誉。同时，本课题的研究学生也受益匪浅，他们的学科认知水平和能力不断增强，学科专业术语的使用逐步规范、准确，认识事物的多角度，解答问题的层次性，分析问题的全面性，叙述说理的思辨性均有较好体现；他们对文科综合的兴趣逐步浓厚，对文科综合的信心大大增强；他们的人文素养和文综底蕴厚实起来；初步形成了积极的学习态度和良好的学习策略。

（二）社会影响

本课题研究成果在我校每年的教研开放周作为示范课向全县教师展示，受到广泛赞誉；同时我们将本课题研究成果在周边学校做示范和推广，受到兄弟学校教师和学生的好评。

本课题的研究成果受到学校和上级主管部门的充分肯定，课题研究的论文、课件以及运用课题研究成果进行的课堂教学评比多次在省、市获奖。

十、课题研究存在的问题与今后的设想

两年多的研究告一段落了，全面检查和总结课题组的研究工作，其中有收获的喜悦，也有不尽如人意的地方。例如，参与课题研究教师的理论知识有待充实和提高；试验材料的分析有待于进一步完善；政治、历史教师的协作和师生互动机制有待进一步健全；某些研究的抽样容量有待进一步扩大。今后，在此研究的基础上，课题组还要注意搜集和汲取全国同类研究的优点和长处，注重提高研究人员的理论水平，建议学校建立长效的研究机制，充实和完善已有的研究成果。凡此种种，课题组深信，只要本课题的研究能不懈地坚持下去，在教育教学实践中努力探索，那么，本课题的研究一定会取得更多、更好的收获。

参考文献

[1] 顾明远，孟繁华．国际教育新理念［M］．海口：海南出版社，2001.

[2] 邵瑞珍．学与教的心理学［M］．上海：华东师范大学出版社，1990.

[3] 王逢贤．学与教的原理［M］．北京：高等教育出版社，2001.

[4]［日］佐藤正夫．教学原理［M］．钟启泉，译．北京：教育科学出版

社，2001.

[5] 王建军，吴刚．课程变革与教师专业发展［M］．成都：四川教育出版社，2006.

[6] 马英志．影响中国教师的30部外国教育名著［M］．长春：东北师范大学出版社，2010.

[7] 吕纯志．教师工作方法创新案例集［M］．长春：东北师范大学出版社，2010.

[8] 刘新海．教师信息化素养提升技巧［M］．长春：东北师范大学出版社，2010.

【感悟】与此前撰写的子课题报告相比，这次的写作过程要轻松许多，可见，经验的积累是有价值的。撰写结题报告不同于写论文，某种意义上说，它更像一种格式文本，文字的呈现不仅要符合结题报告的格式要求，而且还要注意以下几点：第一，撰写结题报告要实事求是，不能夸大自己的研究成果，同时也要指出本课题研究的不足和缺憾，最好是提出完善改进的措施；第二，结题报告是专家验收评估的重要依据，且专家最看重的部分是该课题研究的过程，故而撰写结题报告的重点是写明翔实的研究过程；第三，结题报告是课题研究的总结，因而报告不能是零散材料的罗列，要对研究过程中积累的材料进行梳理和提炼，上升到理论高度，且要有较为严密的逻辑性。

教法学法篇

以时政为依托 提高教学时效性

【动因】此文发表于上海教育出版社创办的《政治教育》丛刊上（1996 年第 7 期）。动因之一是政治课教学中开始关注时政教学，并将时政教学引入政治课教学；动因之二是在《中学政治教学参考》《思想政治课教学》之外的学科核心期刊发表论文，是一种自我挑战。从文章的内容来看，直接的动因还是对时政教学的实践和思考。行动、思考、写作的轨迹是清晰的。

时下，思想政治课教学面临困境，处于低谷，如何把教学落到实处，是亟待解决的问题。笔者认为，时代感强是思想政治课自身的最大优点。当前，一方面，中国特色社会主义建设正日新月异，成绩卓著，令世人刮目相看；另一方面，世界在向多极化格局发展，可谓是“风云变幻”，国际国内诸多矛盾和新问题层出不穷。把思想政治课教学置于这一现实中，以时政为依托，能切实提高教学的时效性。

一、激发兴趣

应当承认，思想政治课教材有其滞后性，而政治学科的最大特点是要求解决实际问题，教学中照本宣科，必然会导致学生学习兴趣的下降。然而，就相对稳定的教材，结合现实生活中的典型事例（时政），就能不断激发学生学习思想政治课的兴趣。例如，1996 年 3 月 23 日是台湾变更方式产生其领导人的日子，在此期间中国人民解放军在台湾海峡进行了较大规模的军事演习。台湾问题和中美关系一下成为世人关注的焦点，中学生更是热情高涨。作为政治教师，我适时组织学生就这一问题各抒己见，在此基础上，用政治常识、经济常识等相关知识，从台湾的历史发展到祖国统一的民心所向，从中美关系的过去、现在和未来，多角度地进行剖析，收到了良好的效果。事后，许多学生说，学习思想政治课对认清形势、看清事物的本质，太有帮助了。以时政为导引，辅助教学，大大地激发了学生对思想政治课的兴趣和热情。

二、创设情境

说实在的，每周两节思想政治课，由于间隔时间长，学生一下子很难与教师同步进入教学过程，这就要创设好教学的情境。从时政切入就是很有效的方式。例如，1996 年是“九五”的第一年，在八届全国人大四次会议上，李鹏总理做的政府工作报告中，突出了发展农业的重要性；谈论农业的现状和未来的发展是人大代表的热门话题之一；与此同时，西方媒体大谈“中国粮食危机论”。同学们想一想，为什么国际国内都十分关注我国农业的发展呢？这就是我们今天要研究的问题——农业是国民经济的基础。学了这一框，将有助于你对以上问题的深刻理解。

以时政为话题切入思想政治课教学，既自然又贴近现实，容易引起学生的共鸣，便于教学的顺利展开。

三、化解应试

近年来，迎着难点、热点上，政治考题时政化的倾向日趋明显。同时，时政教学也是思想政治课教学的重要组成部分。如何处理好时政教学与思想政治课日常教学的关系，笔者认为，与其考前突出时政，不如以时政为依托，将时政融入日常教学，特别是中、高考复习的全过程。这样，坚持用时政创设情境为“点”来进行教学，到中、高考复习时用知识点为“线”，把一年来的重大时政“串”起来，就能把时政与思想政治课的基础理论融为一体，把握住“题在书外，点在书内”的有机结合，化解中、高考时考生面对试题无从下手的弊病，快速、准确地对试题做出应答。

四、提高素质

在应试教育向素质教育转轨的过程中，培养“四有”新人的德育功能就提到了思想政治课教学的首位。这样，以时政为依托进行教学就显得尤为重要了。因为，时政是开放的，极富生命力的，将思想政治课教学置于时政这一大背景中，用现实中的事例辅助教学，开阔了学生的视野，有利于学生思想观念的转变和社会主义新型人生观、世界观的确立。例如，在经济常识教学中，注重培养学生的商品意识、竞争意识和开放意识；在哲学常识教学中，注重培养学生的马克思主义的物质观、辩证观和群众观。

综上所述，以时政为依托，让思想政治课教学贴近生活，紧扣时代脉搏，解决现实问题，立足于学生素质的全面提高和马克思主义人生观、世界观的形成，方能使思想政治课教学活起来，切实提高教学的时效性。

【感悟】朱熹诗言："问渠那得清如许？为有源头活水来。"上活思想政治课，教师要积极主动地寻找"源头活水"。央视有句广告语说得好："心有多大，舞台有多大。"对当时的我来说，确有这种心境，因为年轻，敢试敢闯，不计成败。现在的心境有了变化，对挫败的记忆反而加强，远不如年轻时来得超脱。年轻时是教师快速成长的黄金期，此时若能遇到"高人"的引领，那么专业发展将会走得更高、更远，这是我的缺憾。现在的我看清了写作论文的轨迹，当时的我是无意识，凭借的是热情，拼的是年轻。当下的年轻教师当以此为鉴，我想告诉年轻人：拜能者为师，与研究者交朋友，与同道结伴而行，这将会为你的专业成长插上腾飞的翅膀。

“五化”促效果

【动因】此文发表于《思想政治课教学》2000年第7～8期。记得当时是参加第二届“教坛新星”比赛，作为教学经验总结写下了此文，可谓一气呵成，感觉很好，就用信函邮寄的方式投了北京师范大学主办的《思想政治课教学》。

思想政治课教学的特殊性决定了其教学效果的改善是一个艰苦的探索过程。笔者从教学实践中体会到，力求在通俗化、时政化、乡土化、亲近化、准确化等方面进行努力，能较好地提高政治课教学的效果。

一、变抽象为具体，力求通俗化

多数学生把思想政治课等同于说教课，如果我们照本宣科，那必将使思想政治课教学的效果大打折扣。然而，在教学中我们把抽象的理论具体化、通俗化，学生就会易懂、易记、易于接受。例如，在教授“意识是客观事物在人脑中的反映”这一概念时，我用学生熟知的照相机原理分析指出，“客观事物”

如同被拍摄的对象，“人脑”如同照相机，“意识”如同胶片上留下的影像。意识的产生就如同照相。这样学生就能较好地理解“意识”这一较为抽象的概念，强化了教学效果。

二、紧扣社会热点，充实例证材料，力求时效性、时政化

分析、理解重大社会问题，指导学生的实践活动是政治课教学的鲜明特色。课本上提供的例证材料往往有滞后性，这就要求政治课教学必须紧密结合时政材料进行讲解，练习所选用的材料同样要紧扣社会热点问题。例如，我在分析“国家要维护主权独立和领土完整”这一国家职能时，引入台湾问题这一热点进行分析时指出，我国政府坚决反对“台独”，反对外国势力插手或干预台湾事务，坚定完成祖国统一的决心，这是我国国家职能的基本要求，在台湾问题上我们没有妥协的余地。这既强化了学生对这一国家职能的理解，也对学生进行了爱国主义教育，升华了主题。

三、学以致用，解决身边的问题，力求乡土化

俗话说：“远水救不了近火。”如果政治课教学不能同学生和本地的实际结合起来进行，就不能走出学生对政治课教学“假、大、空”的认识误区，其教学就有隔靴搔痒之感。为此，我在教学中有意识地把学生身边的事或本地的一些现象引入教学进行分析，使学生产生平实之感。例如，在教授“社会存在的变化引起社会意识的变化”时指出，同学们在家中或多或少存在这一现象，就是反感父母在自己耳边唠叨，甚至产生逆反心理，且抱怨父母思想守旧，不能理解和认同现代中学生的现状和心态。这样，一下就抓住了学生。接着，我分析指出，社会存在与社会意识之间的变化具有不一致性，我们中学生不能只站在自己的社会存在的角度去抱怨父母的关爱，更多地应主动与父母沟通、对话，加强相互理解，正确处理社会存在的变化与社会意识

变化的关系，让学生在情感变化中加深对这一知识点的理解。

四、使用学生中的流行语，力求亲近化

教学中适当使用学生中的流行语，能引起学生的共鸣，拉近教师与学生的情感距离，使学生认为政治老师很关注他们的生活，有情趣，从而收到意想不到的教学效果。例如，说“前卫”不说“激进”，说“酷（毙）”“帅（呆）”不说“与众不同”“引人注目”。

五、提高科学性，力求准确化

思想政治课除有育人的独特功效外，作为一门科学，教学过程中知识的传授要有其准确性，切忌大而化之。例如，在讲授哲学常识中的“价值”这一概念时，要把哲学常识价值观中的“价值”与经济常识中商品的“价值”和“使用价值”进行比较、区分，弄清它们的区别与联系；同时，也要明确价值和价值观不仅仅是“一字之差”，二者也有质的不同。大而化之，不求准确，必将导致知识使用的混乱。同样如此，学生在处理练习时，教师也要从类型和方法上多做指导，力求科学，减少练习做题的随意性。

【感悟】有趣的是，这篇文章是在电脑上录入的，当时我还没有用上电子邮箱，出的是电子稿，且主要标题还用了彩色版，看着带有色彩的电子稿，与以前在稿纸上的手写版相比，心里很是高兴。再者，自己也想从《中学政治教育参考》向政治学科其他核心期刊冲击，以便检验自己的论文质量，未曾想这篇论文很快发表，还拿了98元的稿费，这使我大受鼓舞。我想，教师专业成长中的“内驱力”有很多支点，如何抓住它，“行胜于言”。夸美纽斯在他的《大教学论》中提出：“找出一种教育方法，使教师因此可以少教，但学生可以多学。”我想说，细节是教育理念的具体显现，开发细节是教育灵性的闪现。

高三政治后期复习方略

【动因】 此文为指导2004届文科学生备战高考的“学法指导”而撰写的论文，它刊发于2004年4月28日肥东一中校报，此时是高三学生的冲刺时段，当年的文科现状很好，也是我专业发展和班主任工作的一个顶峰时段，例证之一是我班张同学的合肥市“二模”成绩进入前十，且王同学紧随其后，另外还有一批优秀学生团队，这激励着我们老师实现更大的梦想。

文科考生把强化和提高文综成绩作为临近高考的重中之重，这已成为教育界同仁的共识。地理、历史、政治学科重点的差异要求考生在各学科的备考上应各有对策，努力提高高考复习的针对性和有效性非常关键。下面就政治学科的后期复习谈几点建议。

一、夯实基础，紧抓主干知识点

文科综合考试的特点决定了单科知识点的覆盖面与文综试卷学科知识点的抽样这一矛盾尤为突出。如何解决这一矛盾，凭运气、靠猜题是行不通的，唯有夯实基础，紧抓主干知识点，才能有效地应对高考。所谓夯实基础，就是对学科知识的基本概念要能准确理解，基本原理要能吃透精髓，基本题型和问题的设问指向要能定型并做到心中有数；所谓紧抓主干知识点就是复习中不要在知识的枝节上纠缠，要做到把知识串成线，连成面，构成块，也就是搭知识框架。复习时，考生可以试着从框题开始，然后到一节内容，再到一课知识，最后到一本书知识，学有余力的同学还可以就政治学、哲学、经济学学科间的知识做必要的知识串接。这样，考生脑子里有知识“网络”，应答试题的准确性和全面性就有了保证。

二、锁定考纲知识点的变化，具体分析区别对待

考纲即考试说明，它既是命题人命题的依据，也是师生备考的依据。考纲知识点的变化，主要是指本年度要求考查的知识点不完全是对课本知识的全面要求，而是根据需要做了相应的调整，它包括删去的知识点，合并的知识点和新增加的知识点，考生要做到心中有数，不能盲目。备考时，考生要在教师的指导下，对这些变化的知识点做出具体分析，区别对待。具体来说，删去的知识点，有了第一遍学习的垫底，复习时可以不再关注；合并的知识点要弄清楚合并的缘由，有的是重新表述，有的是降低要求；值得一提的是新增加的知识点，如：经济常识中的“通货膨胀与通货紧缩”“外汇与汇率”等，政治常识中的“‘三个代表’重要思想”“社会主义民主政治建设”“宗教的本质和社会作用”等，一般说来，新增加的知识点在当年度高考中考到的概率最高，因而，考生要给予特别关注。

三、精练精评，以练补“漏”，以练促“链”

我们反对题海战术，但必要的训练是不可缺少的。精练是提高考生备

考水平和能力的重要途径和保证。高考冲刺阶段，考生能把精练和精评结合起来，十分重要。所谓精练，一是指考生选择的练习材料要有较好的针对性，二是指考生做题时思想上要做好准备，要投入，不可随意泛泛而做，否则，做题的效果就打了折扣，精练就无从谈起；所谓精评，是指考生在精练的基础上，自己对所做的题目要做出评价和分析，找出不足，查出漏洞，充实知识，延伸知识链条。这样，每练习一次，考生都会有新的发现和新的收获。可见，量的积累定会促成质的飞跃。

四、热点专题要升温，重在熟知背景材料，强化知识迁移

临近高考，时政内容和热点专题是考生备考的重中之重，这既是政治学科的自身特点决定的，也是文综考卷不回避重大时政、关注社会热点的要求。同时，这也是文综试题命题的平台和切入点的要求。考生只要熟知背景材料，即弄清楚时政材料的来龙去脉，才能深刻地理解党的路线、方针、政策的必要性和重要性，才能解读出材料蕴涵的学科知识点，进而准确地运用学科知识点去分析和说明党的路线、方针、政策。这一过程就是知识的迁移，也是文综考试对考试能力考查的必然要求。如2003年关于我国经济发展的GDP、外汇储备、进出口贸易、三大产业的增长率等一系列数据，学生如能对此背景材料有较好的理性认识，那么，考试做题时就能解读和说出这些数据反映了国家的宏观调控能力增强，党的正确领导是保证，抓主要矛盾等学科知识点。

五、面上筛选，突出掌握可再生性和可综合性知识

针对文综试题考查的基本规律，在做好以上四个方面复习的基础上，冲刺前考生还要对面上的知识点进行筛选，重点突出和强化掌握学科知识

点中可再生性知识和可综合性知识。可再生性知识是指该知识点有较好的拓展延伸性、辐射性和现实意义。可再生性知识易于成为文综试题考查的切入点，易于考查学生的知识综合。如政治常识中的“公民与国家的关系”就是可再生性知识点，以此切入，可考查人民代表大会制度、人民当家做主、党的领导、依法治国、国家机关的组织活动原则、“三个代表”重要思想、政治文明等系列知识。可综合性知识是指该知识点能形成学科内（经济学、哲学、政治学）知识交叉和学科间（地理、历史、政治）知识交叉，以及符合文科综合考查要求的知识。如“经济效益”就是可综合性知识点，命题可以从市场经济的角度设问，也可以从可持续发展、科教兴国战略、科技是第一生产力角度设问，还可以考查内外因关系原理、量变与质变关系原理、矛盾观和发展观等，同时，该知识点可以与地理、历史知识形成综合考查。因而，冲刺复习时考生要更多关注可再生性知识和可综合性知识。

【感悟】2004届是估分填报志愿，作为班主任，在征得张同学和王同学家长的同意后，鼓励他俩分别填报了清华和北大。高考成绩揭晓后，王同学的分高于张同学，获得县文科第一名，但他俩在第一批次投档时均未达到清华和北大的分数线，这不仅是他俩的遗憾，也是我当班主任的憾事。随后王同学被调剂到北外，当年去了北京上学；而张同学因被调剂到湖北大学，心有不甘便选择了复读，那一年我一直关注着张同学，心生愧疚，好在2005年他的高考成绩名列安徽省第21名，可能是上年的阴影吧，在估分填报志愿的情况下，他没有选择清华和北大，而是选择了中国政法大学，最后如愿去了北京上学。作为班主任，我教了张同学三年，他是我带过的最优秀的学生之一。班主任和教师的良好愿望与现实的反差令人纠结，直到今天我还经常反思，我们（学校、班主任、老师）的一厢情愿甚至功利驱动是否妨碍了优秀学生的健康成长？在高考指挥棒下，为了学生的终生发展，我们的学校、班主任、任课教师该如何正确抉择？

高考常见计算题答题方法解析

【动因】此文发表于《课程教育研究（新教师教学）》2013年第3期。经济学教学和高考模拟试卷中时常出现计算题，为了便于解决这一问题，我对其进行了梳理，归纳整理出六类，并以高考题为例，进行了答题解析，以便学生能较为系统地加以理解。

高考政治学科试题中计算题出现的频率较高，它涉及《经济生活》多方面的知识，学生应答的难度不小。笔者对近年来高考计算题进行了综合分析，并梳理成六大类。教学实践证明，这对学生应对计算题具有很强的指导作用。下面逐一解析：

第一类：关于价值量、价值总量、社会必要劳动时间的计算题解析。

（2009年全国文综Ⅱ卷）2008年，某国生产甲种商品100万件，每件商品价值量为6元。如果2009年该国生产甲种商品的劳动生产率提高20%，其他条件不变，则甲种商品的价值总量与单位商品的价值量分别为（　　）。

A. 720万元，6元　　B. 720万元，5元

C. 600万元，5元　　D. 600万元，6元

【解析】第一步：2009年该国劳动生产率提高20%后，每件商品的价值量为6元×1/（1+20%）=5元；第二步：2009年该国劳动生产率提高20%后，2009年的产量为100万件×（1+20%）=120万件，2009年甲种商品的价值总量为120万件×5元=600万元。或根据原理：无论社会劳动生产率如何变化，商品的价值总量不变。用2008年100万件×6元=600万件也可。C项正确。

（2009年全国文综Ⅰ卷）某小企业2008年生产一件甲种商品的劳动耗费价值8元，产量为10万件，甲种商品的社会必要劳动时间价值6元。如果该企业2009年的劳动生产率提高10%，其他条件不变，那么，该企业2009年甲种商品的销售收入与2008年相比（　　）。

A. 增加8万元　　B. 增加6万元

C. 减少14万元　　D. 不变

【解析】第一步：2008年的销售收入为10万件×6元=60万元；第二步：2009年劳动生产率提高10%后的产量为10万件×（1+10%）=11万件，2009年的销售收入为11万件×6元=66万元；第三步：2009年与2008年相比是66万元−60万元=6万元，增加了6万元。B项正确。

（2008年海南政治卷）假设某国生产M商品企业只有甲乙两家。2007年甲企业的产量为10万件，每件商品的生产时间为6小时；乙企业的产量为8万件，每件商品的生产时间为10小时。如果2008年甲企业的劳动生产率提高20%，其他条件不变，则2008年M商品的社会必要劳动时间为（　　）。

A. 8小时　　B. 7.5小时　　C. 7小时　　D. 5小时

【解析】第一步：2008年甲企业的劳动生产率提高20%后，其产量为10万件×（1+20%）=12万件，每件商品的生产时间为6小时×1/（1+20%）=5小时；第二步：根据社会必要劳动时间=总时间/总产量的公式计算出2008年M商品的社会必要劳动时间为（12万件×5小时+8万件×10小时）/（12万件+8万件）=7小时。C项正确。

第二类：关于商品价格、货币贬值率或通胀率的计算题解析。

（2010年全国文综Ⅰ卷）假设某国2009年甲产品的总产量是100万件，

每件产品价值用货币表示为 10 元。2010 年生产甲产品的社会劳动生产率提高一倍，在货币价值不变和通货膨胀率为 20%的情况下，甲产品的价格分别是（ ）。

A. 5 元 6 元　　B. 10 元 12 元

C. 20 元 24 元　　D. 8 元 6 元

【解析】第一步：2010 年社会劳动生产率提高一倍甲商品的价格为 10 元×1/2=5 元；第二步：在货币价值不变和通货膨胀率为 20%的情况下甲商品的价格为 5 元×（1+20%）=6 元。A 项正确。

（2008 年全国文综 I 卷）假设 2007 年某国一单位 M 商品，其价值用该国货币表示为 15 元。如果 2008 年生产 M 商品的社会劳动生产率提高 50%，且该国的货币价值下降（贬值）20%，在其他条件不变的情况下，2008 年一单位 M 商品用货币表示为（ ）。

A. 12 元　　B. 12.5 元　　C. 18 元　　D. 18.75 元

【解析】第一步：2008 年生产 M 商品的社会劳动生产率提高 50%后该商品的价格为 15 元×1/（1+50%）=10 元；第二步：该国的货币价值下降（贬值）20%后 M 商品的价格为 10 元/（1－20%）=12.5 元。B 项正确。

【说明】货币贬值率与通货膨胀率不是同一概念，注意比较，计算方法不同。具体分析可以参考笔者于 2011 年 4 月发表于《思想政治课教学》的论文。

第三类：关于利息或利息率、利润或利润率的计算题解析。

（2011 年全国文综 I 卷）去年，甲利用自有资金 20 万元开办了一家小企业，一年后盈利 2 万元，全部用于个人消费。今年甲以 6%的利率借得资金 10 万元扩大生产。假设该企业今年的利润率（利润/资产）与去年持平，那么，甲今年自有资金的利润率为（ ）。

A. 6%　　B. 10%　　C. 12%　　D. 15%

【解析】第一步：根据利润率=利润/资产的公式计算出去年的利润率为 2 万元/20 万元=10%；第二步：该企业今年的利润率与去年持平，且借得资金 10 万元扩大生产后，今年的毛利润为（20 万元+10 万元）×

10%＝3 万元，扣除借得资金 10 万元的利息后，实际利润为 3 万元－（10 万元×6%）＝2.4 万元；第三步：根据以上公式算出甲今年自有资金的利润率为 2.4 万元/20 万元＝12%。C 项正确。

第四类：关于股票的计算题解析。

（2011 年四川文综卷）某上市公司的股票全为流通股，共 5000 万股，当银行利率为 3%时，该股票的总市值为 100000 万元。如果银行利率提高 0.25 个百分点，预期股息提高 25%，其他条件不变，该股票的价格约为(　　)。

A. 18.46 元　　B. 21.33 元　　C. 23.08 元　　D. 24.75 元

【解析】第一步：根据股票价格＝预期股息/银行利率公式当时的预期股息为 100000/5000×3%＝60%；第二步：银行利率提高 0.25 个百分点后的实际利率为 3%＋0.25%＝3.25%。预期股息提高 25%后的实际预期股息为 60%×（1＋25%）＝75%；第三步：根据以上公式算出变化后该股票的价格为 75%/3.25%≈23.08 元。C 项正确。

【说明】这里的银行利率提高 0.25 个百分点与预期股息提高 25%不是同一概念，注意比较，计算方法不同。

第五类：关于税收（个税、关税、营业税、增值税等）的计算题解析。

（2010 年新课标全国卷）按照中国一东盟自由贸易协议，成员国 90%的贸易商品实行零关税。如果以前一件 10 元人民币的 M 商品出口到某东盟成员国 N 国的关税为 5%，本外币间的汇率为 1∶8。2010 年该商品实行零关税，中国生产 M 商品的劳动生产率提高 25%，其他条件不变，则一件 M 商品在实行零关税之前和之后出口到 N 国的价格用 N 国货币单位表示分别为（　　）。

A. 80，84　　B. 84，80　　C. 84，64　　D. 84，100

【解析】第一步：中国生产 M 商品的劳动生产率提高 25%后，一件 10 元人民币的 M 商品价格为 10 元×1/（1＋25%）＝8 元；第二步：按照本外币间的汇率为 1∶8 计算，一件 M 商品在实行零关税之前出口到 N 国的价格用N国货币单位表示为8×（1+5%）=84，在实行零关税之后为8×8=64。C项正确。

【说明】常见的税种较多，不同税种的计算方法各不相同，限于篇幅，在此不一一列举了。

第六类：关于汇率的计算题解析。

（2009年四川文综卷）小张按1美元兑换8元人民币的汇率换得1000美元，两年后美元兑换人民币的汇率下跌了20%，小张又将1000美元换回人民币。在不考虑其他因素的条件下，小张（　　）。

A. 损失了人民币1600元　　B. 减少了人民币损失1600元

C. 损失了美元160元　　D. 减少了美元损失160元

【解析】第一步：按1美元兑换8元人民币的汇率1000美元价值人民币为1000×8=8000（元）；第二步：两年后美元兑换人民币的汇率下跌了20%，1000美元价值人民币为1000×〔8×（1−20%）〕=6400（元）；第三步：两比不难看出，小张损失了人民币8000−6400=1600（元）。A项正确。

【感悟】其实，此文算不上论文，只是经验的总结。它要求我们能潜下心来，花费一定的时间，积累素材，然后进行整理归类，最后写出梳理的结论，是论文写作的初始阶段。它的价值在于，训练教师的教研能力，其功效是为教、科、研奠基。

从两道高考计算题看纸币贬值率与通货膨胀率的异同

【动因】此文发表于《思想政治课教学》2011年第4期。通货膨胀率和货币贬值率问题是高考和模考计算题时常涉及的话题，也是使政治教师感到棘手和易混的问题，本文就是我和2011届同仁备战高考前的一次讨论所引发，随后，我就两道高考题进行比对，阐述了通货膨胀率和货币贬值率的异同，写就了此文。

(2010年全国文综Ⅰ卷）假设某国2009年甲产品的总产量是100万件，每件产品价值用货币表示为10元。2010年生产甲产品的社会劳动生产率提高一倍，在货币价值不变和通货膨胀率为20%的情况下，甲产品的价格分别是（　　）。

A. 5元　6元　　　B. 10元　12元

C. 20元　24元　　D. 8元　6元

【解析】第一步：2010年社会劳动生产率提高一倍甲商品的价格为10元×1/2=5元；第二步：在货币价值不变和通货膨胀率为20%的情况下甲商品的价格为5元×（1+20%）=6元。A项正确。

(2008年全国文综Ⅰ卷）假设2007年某国一单位M商品，其价值用该国货币表示为15元。如果2008年生产M商品的社会劳动生产率提高50%，且该国的货币价值下降（贬值）20%，在其他条件不变的情况下，2008年一单位M商品用货币表示为（　）。

A. 12元　　B. 12.5元　　C. 18元　　D. 18.75元

【解析】第一步：2008年生产M商品的社会劳动生产率提高50%后该商品的价格为15元×1/1+50%＝10元；第二步：该国的货币价值下降（贬值）20%后M商品的价格为10元/（1－20%）＝12.5元。B项正确。

从以上两道高考计算题的解析来看（注意两道题解析的第二步），通货膨胀率和货币贬值率的计算方法是不一样的，这是为什么呢？我们来做个分析：

假设A国通货膨胀率为20%，这意味着商品价格上涨了20%，即（1+20%）。由于一国商品价值总量不会因为币值的变化而发生变化，因此有：1件×1单位A国货币＝X件（现在可购买的商品数量）×（1+20%）（上涨后的价格），得X=1/（1+20%）件。这意味着货币贬值了1－［1/（1+20%）］，即20%/（1+20%）。可见，如果通货膨胀率为X，则货币贬值率为X/（1+X）。

反之，如果货币贬值率为20%，这意味着单位货币的购买力为（1－20%）件，因此有：1件×1单位A国货币＝（1－20%）件（现在可购买的商品数量）×X（现在的价格），得X=1/（1－20%）。这意味着现在的价格相比于原来的价格上涨［1/（1－20%）］－1＝20%/（1－20%）。可见，如果货币贬值率为X，则通货膨胀率为X/（1－X）。

综上所述，通货膨胀率和货币贬值率的相同点都是指物价上涨了，都可以用来反映货币贬值的程度，但二者的表现形式不同，物价上涨的比率是不一样的。通货膨胀率和货币贬值率的不同点在于，通货膨胀率是指货币超发部分与实际需要的货币量之比，用以反映通货膨胀、货币贬值的程度，它主要考量商品价格上涨，而货币贬值率是指货币贬值后和贬值前相比所存在的比率，它主要考量单位货币的实际购买力，二者的关系为：若通货膨胀率为X，则货币贬值率为X/（1+X）；若货币贬值率为X，则通货膨胀率为X/（1－X），因而以上两道高考计算题的计算方法当然是不一样的。

【感悟】印象中，此文是投稿到发表时间间隔最短的一次，从发表的时间上来看，正好是高考前夕，这对随机投稿的教师的启示是，把握好投稿时间节点，对论文的发表有一定的影响。且行且思，勤动笔，这就是论文写作的过程。同仁间的一次讨论，一次交流就会碰撞出思维的火花，这就是论文写作的源头活水，做个教育路上行走的有心人，你也能做得到。

“七看”联动 动出精彩效果

——《政治生活》第一单元复习例谈

【动因】又是一届新高三，“涛声依旧，重复昨天的故事”，是经验型教师上课的首选方式。高三复习课如何变革？如何避免教师拿着复习资料的“一言堂”的旧常态，构建让学生积极主动地参与到教学活动中来，突出学生的主体地位的新常态，必须重构我们的课堂。本文就是这一思考和实践做法的记录。

高三一轮复习课如何上？如何提高复习课的效果？是教师单向灌输的“独奏”好，还是师生互动沟通的“合奏”好？我们尝试以单元知识为整体进行教学设计，旨在顺应新课改的要求，打造高效课堂，充分发挥学生的主体作用，提高学生的参与度，在“动”中体现复习课的精彩效果。下面以《政治生活》第一单元的复习为例做如下分析：

一、记记看——学生记一记本单元的高考知识考点

我们要求学生利用每节课课前 3 分钟的时间，以诵读的方式自由选择1～2个考点进行强记，教师

要及时到岗督查巡视。例如学生本单元可以选择的知识考点有：宪法对我国国家性质的规定；人民民主专政的本质与特点；人民民主的广泛性和真实性；坚持人民民主专政的必要性；我国政府关于人权的基本观点；我国公民享有的政治权利；我国公民必须履行的政治性义务；我国公民参与政治生活的基本原则和主要内容；我国的选举制度及选举方式；公民参与民主决策的方式；公民直接参与民主决策的意义；我国的村民自治与城市居民自治及其意义；我国公民的民主监督权和实行民主监督的合法渠道；公民要负责任地行使民主监督权利等。这样在一个单元复习周期内，学生基本上可以将本单元的高考知识点背诵一遍。

二、说说看——融入社会热点，开展时事述评活动

我们要求学生 3 人为一组自由组合，人人轮流参与，利用每节课课前 5 分钟，以当下正在发生的国内外重大新闻事件为支点，开展时事述评活动。这一活动分为两个环节，前一节课第一个同学做时政话题发言，下一节课另 2 位同学运用所学知识做时事评析，教师在学生发言之后做简短点评。每个班级在一个模块四个单元的复习时间内每个学生可以轮流参与一次，在四个模块的一轮复习中，每个学生有 4 次参与的机会。例如：

【时间】2013 年 9 月 11 日

教师：有请时政“讲述人”上台讲述时政话题（学生热烈鼓掌，讲述人走上讲台）。

【讲述人：胡同学】我讲述的时政话题的题目为《诽谤信息被转 500 次可判刑》。2013 年 9 月 10 日《最高人民法院、最高人民检察院关于办理利用信息网络实施诽谤等刑事案件适用法律若干问题的解释》公布。根据该解释，“捏造损害他人名誉的事实”或“将信息网络上涉及他人的原始信息内容篡改为损害他人名誉的事实”在信息网络上散布，或者组织、指使人员在信息网络上散布的，即可认定为“捏造事实诽谤他人”。同时规定：“明知是捏造的损害他人名誉的事实在信息网络上散布，情节恶劣的以捏

造事实诽谤他人论处。”具有下列情形之一的，应当认定“情节严重”：（一）同一信息实际被点击浏览次数达 5000 次以上，或转发次数达 500 次以上的；（二）造成被害人或其亲属精神失常、自残、自杀等严重后果的；（三）二年内曾因诽谤受过行政处罚，又诽谤他人的；（四）其他情节严重的情形。

关键词：网络　传播诽谤信息　判刑

【时间】2013 年 9 月 13 日

教师：有请时政“评析人”上台评析上一节课胡同学的时政话题（学生热烈鼓掌，评析人依次走上讲台）。

【评析人：袁同学】（一）要坚持公民在法律面前一律平等的原则。公民的合法权利受法律保护，其违法犯罪行为也要受到法律制裁。公民享有言论自由的权利，但言论自由不是绝对的自由，它必须在法律允许的范围内，不得侵犯他人的权利。利用网络传播诽谤信息，造成他人名誉等受损是侵犯他人合法权利的行为，以法律的形式规定对诽谤罪的处罚，保证了公民在法律面前一律平等；（二）要坚持权利与义务相统一的原则。公民在法律上既是权利的主体，又是义务的主体，遵守宪法和法律是公民应尽的义务。公民在行使言论自由的同时必须遵守法律，不得侵犯他人的合法权利。利用网络传播诽谤信息，造成他人名誉等受损的，违反了法律规定，违背了权利与义务相统一的原则。

【评析人：李同学】（一）我国政府是人民的政府，坚持为人民服务，对人民负责。政府依法打击利用网络传播诽谤信息，造成他人名誉等受损的违法犯罪活动，是政府切实履行职能的体现；（二）我们要坚持用一分为二的观点看问题。网络是一把双刃剑，互联网为我们学习和生活带来便利的同时也传播着损害他人、国家利益的谣言和不良信息。国家依法规范互联网的使用，净化网络环境，依法打击利用网络传播诽谤信息，造成他人名誉等受损的违法犯罪活动，是十分必要的。

以上是课前 5 分钟时事述评活动的两个完整环节的课堂实录。实践证明，我们在高三一轮复习的同时尝试利用每节课课前 5 分钟开展时事述评活动，一方面，这能把思想政治课教学中的时事教育落到实处，另一方面，关注时事的习惯一旦养成，学生的学科素养将进一步提升，这也为学科教学奠定了基础。

三、写写看——学生写出单元主干知识结构

我们要求每位同学通过自主复习，统一用 A4 纸写出单元的主干知识结构，并与教师写的（PPT 呈现）进行比对后修正完善，按一个模块四个单元的顺序装订成册留存，以备查阅。例如，一级知识点：第一单元《公民的政治生活》包括第一课《生活在人民当家做主的国家》和第二课《我国公民的政治参与》，两课之间的内在联系是“国家与公民的关系”；二级知识点：第一课的人民民主专政和公民的政治权利与义务以及公民参与政治生活的基础、内容和原则；第二课的民主选举、民主决策、民主管理、民主监督。以此类推，梳理出三级知识点等（限于篇幅，主干知识结构图从略）。这样做可以使学生将教材由“厚”读“薄”，在提炼出主干知识的同时厘清知识脉络，突出重点知识。

四、查查看——学生查找出本单元自己存在困惑的问题

我们要求学生在自主复习写出主干知识的同时，记录下本单元自己还存在的似是而非的问题，然后以书面的形式提交给课任老师进行整理分类。例如，学生提出了如下问题：村民委员会是基层政权组织吗？民主性质与民主发展程度是何关系？知情权与监督权有何区别？如何认识人权与主权的关系？选举权与选举权利有何区别？“同享同权”等于民主渠道的扩大吗？在我国，发展基层民主有何意义？等等。这样做教师可以掌握学生的学情，为“以学定教，以疑定讲”做好准备。

五、讲讲看——师生共同讲解学生查找出的问题

我们要求教师对学生查找出的问题进行整理分类，例如，村民委员会是基层政权组织吗？知情权与监督权有何区别？选举权与选举权利有何区别？“同享同权”等于民主渠道的扩大吗？这一类属于学生能自己解决的问题，放手让学生互相讲，教师补充。例如：民主性质与民主发展程度是何关系？如何认识人权与主权的关系？选举权与选举权利有何区别？在我国，发展基层民主有何意义？这一类属于学生普遍存在的问题由教师讲解、分析。这样做，一方面强化了学生对知识的深度理解，另一方面避免了教师对问题讲解的“一厢情愿”而做到“有的放矢”，实践证明，这具有事半功倍的效果。

六、做做看——学生通过练习巩固单元知识

我们要求学生做本单元近 3 年的高考题、模拟题或单元测试卷等。客观题部分对照答案自行订正，不理解的记录下题号统一上交教师统计，同一题达 5 人次以上的教师讲解，达班级人数一半以上的题重点讲解，其他题由学生互相合作学习解决。例如，第一单元《真题陪练》的（2012 · 海南）一题：

2012 年 3 月，十一届全国人大五次会议通过关于修改刑事诉讼法的决定。新的刑事诉讼法在证据制度、强制措施等方面增加了有关“尊重和保障人权”的规定。刑事诉讼法的这一修改（　　）。

A. 体现了人民民主、司法独立的要求

B. 构建了公民实现基本权利的法律体系

C. 立足于公民有序政治参与的保护

D. 体现了既惩治犯罪又保护人权的法制精神

据统计，高三（2）班有 21 位同学提出要求教师讲解。

【教师解析】通过材料可以看出，材料既体现了要惩治犯罪，又体现了要保护人权的内容，D 项符合题意。

第二单元《真题陪练》的（2012・江苏）一题：

各地政府部门在干部选拔任用中，积极探索运用“网上述职”“暗访式考察”等考核方法，充分吸收群众意见。这使得公民在政治生活中有了更多合法渠道参与（　　）。

A. 民主选举　B. 民主监督　C. 民主管理　D. 民主决策

据统计，高三（2）班有 19 位同学提出要求教师讲解。

【教师解析】题中的关键信息“干部选拔任用”“网上述职”“暗访式考察”等表明政府积极接受群众的监督，体现的是民主监督，故选 B 项。民主选举、民主管理、民主决策在材料中没有体现。

主观题部分归类分析，重在规范答题方法的引导和讲解。

例如，（2013・江西新余四中月考）阅读下列材料，结合所学知识回答问题。

材料一　根据安徽省合肥市地税局的有关文件，从 2012 年 10 月 1 日开始，合肥市包括建筑、安装、修缮、装饰及其他工程作业在内的建筑安装业的农民工也需要缴纳个税。文件一出，引来网友声声“痛斥”——“制定这种政策的人还有良心吗?”“有关部门终于瞄准了农民工的钱袋子”……

材料二　2012 年上半年，各地按照党中央、国务院的要求，切实做好今年粮食直补和农资直补工作，保护好种粮农民利益，促进粮食生产，增加农民收入，各地做到农户补贴面积和补贴数额张榜公示，粮食补贴资金直接兑付到户，不准截留、挤占和挪用粮食补贴资金，不准无故拖延粮食补贴资金发放时间，不准以任何理由借机增加农民负担。

结合上述材料，运用权利与义务相统一的有关知识谈谈你对增加农民收入的认识。

【参考答案】（1）在我国，公民的权利与义务是统一的，二者不可分离。这一方面要求公民树立权利意识、珍惜公民权利；另一方面要求公民树立义务意识、自觉履行公民义务。(2) 从树立权利意识、珍惜公民权利的角度看，我国公民应通过信访举报制度、人大代表联系群众制度、舆论监督制度等合法渠道，对各地粮食直补和农资综合直补工作进行民主监督，以保证增加农民收入的措施落到实处。(3) 从树立义务意识、自觉履行公民义务的角度看，我国公民应树立自觉纳税的意识，不管是市民还是农民，只要具备了纳税条件，都应该缴纳个税。不能因为要增加农民收入而忽略农民的纳税义务。

【教师解析】(1) 该题属于限定原理答题类别，且原理的切入点小。(2) 比对参考答案，不难看出，该类题一般遵循先总后分（分 1：权利；分 2：义务等）的原则组织答案。(3) 主观题的答案组织必须符合“原理先行，理例结合”的基本要求。

以上对客观题和主观题的不同做法，为补救学生存在的问题指明了方向，有利于教师提高讲解的针对性。

七、找找看——找一找本单元复习自己仍然存在的问题

在即将结束本单元的复习时，留出 1 课时的时间，我们要求学生从整体上把握本单元的复习效果，再找一找本单元的复习是否还存在未搞懂的问题，或者是由学生提出与本单元知识相关联的个性化的问题，师生共同探讨。例如，公民、居民、人民有何区别？村（居）委会主任有规定的任期吗？罪犯“被剥夺政治权利”指的是什么？他还有其他权利吗？这样做是复习课的“留白”艺术，它兼顾了学生学习的个性差异，营造无障碍的教学环境，实现辅导多元化，提供多样的学习机会，使每个学生通过努力都能取得较好的复习效果。

实践证明，打造高效课堂，一轮复习以单元知识为整体进行教学设计，“七看”联动远胜于教师以复习资料为抓手单向推进复习的效果，这样做的关键是让学生“动起来”，学生主体地位的确立凸显出精准的复习效果。

【感悟】《人民教育》关于“学习方式的变革”写道：学生学习方式的变革是新一轮基础教育课程改革的显著特征。过去，我们多侧重于从教师教的角度研究变革教的方式；现在，新课程则提出从学生学的角度研究变革学的方式。这是一个质的飞跃。

也许是对自己原有课堂的不满足，也许是对教师打破成长“高原期”通道的求索，也许是对当下高三课堂教学气氛沉闷的焦虑和反思，也许是对改变这一现状的尝试……太多的也许促使我要“起而行之”，从改变和重构课堂结构入手，提高高三复习的效果，将“减负、增效、提质”的要求落到实处，你我都可以做出积极的探索。中国教育报刊社对话“好老师”微信与用户分享，著名特级教师、清华附小校长窦桂梅在回复“君心可晴”时说：“课堂改变，学校才会改变；课堂高效，教育才会高效；课堂优质，学生才会卓越；课堂创新，学生才会创造；课堂进步，教师才会成长。”①

① 俞水，窦桂梅．做有专业有尊严的教师．中国教育报，2015－01－19（5）．

『三维六环节』单元复习：构建高三一轮复习的新路径

【动因】 此文发表于《中学政治教学参考》2013年第12期。从写作的时间2013年6月16日来看，写作的动因依然是对“高三复习课如何上”的思考与实践，另外，坚持阅读教育专著和外出参加高端培训所引发的思考，既是我尝试改变课堂结构的动因，也是写作此文的又一动因。

一项调查显示：老师“灌输”给学生的知识他们只能记住5%，学生自己学能记住60%，如果学生教给自己的同学，他们能记住90%。这个比例不一定客观真实，但它至少从一个侧面启示我们一轮复习时教师不能再重复“昨天的故事”了。那么，一轮复习课怎么上？当下一线教师通行的做法是，选择一本品牌复习资料为支撑，外加一套专项练习册，一课时一节课“碎片式”地推进。课堂教学以复习资料的编排结构代替教学设计，这不仅迷失了教师的个性特色，容易导致教师的“满堂灌”和对原有知识的“炒冷饭”，缺少师生的心灵互动，难以有效实现“三维”目标，大量的缺乏针对性的练习，不仅加重了学生的学习负担，而且容易导致学生的学习倦怠，甚至于学生的厌学情绪不断蔓延，二者的叠加必然导致复习课的效率低下。如何改变这一现状，我们必须另辟蹊径。

新课程高中政治教材是按单元体系编排的，按照班级授课制，课堂是以 40 或 45 分钟为教学时间单位，一般情况下教学又是分课时来设计，且复习课又不同于讲授新课，单从知识点的角度来看，一轮复习不仅要精细，而且要着眼于整体把握。建构主义认为，学生掌握知识的水平不在于点的多少，重要的是知识结构的建构。为了帮助学生理解掌握知识结构体系，生成、发展认知结构和综合素质，我们必须进行教学转型——实施“单元复习”。

这里的“三维六环节”单元复习法是将教材的一个单元作为整体来进行教学设计的新型教学方式，这一单元设计立足于实现“三维”目标的有机统一，分为六个环节，即知识建构、自研质疑、点拨讲解、训练内化、诊断反思、拓展提升。其主旨是真正实现教师从讲授为主到指导学生复习为主的转变，将复习的主动权交给学生，提高复习课的针对性和有效性。单元复习法中，“六环节”是相互联系和渗透的，不是对教学过程的简单机械划分。下面，结合教学实践，笔者对“三维六环节”的要点进行解读。

① 知识建构，即教师展示单元“三维”目标，学生通过自主学习建构单元知识网络。全国名师王能智说：“一个好教师不是自己能传授得多么好，而是让学生进入一种琢磨的学习状态。”将“知识构建”作为起步环节，就是要学生对原有学过的知识以“单元”为单位进行知识的重构，引导学生进入“琢磨的学习状态”。实施要点为：第一步，学生轮流展示自己的自主学习成果——单元知识网络（教师督查学生自主学习的效果）；第二步，教师出示本单元的知识网络，二者进行比对，师生共同评价（师生互动，为设疑留下空间）。这一环节的目的是让学生夯实基础知识，自己厘清单元主干知识。

② 自研质疑，即学生在自主“琢磨”学习中发现问题、提出问题。夸美纽斯在他的《大教学论》中提出：“找出一种教育方法，使教师因此可以少教，但学生可以多学。”自研质疑就是教师“少讲”学生“多学”的一种切入方法，实施的要点为：第一步，不同的学生根据自己已有的知识水平，对照单元主干知识，梳理出自己一知半解的问题，记录下自己的困

惑；第二步，教师将学生的书面问题收集起来，并及时进行整理分类。这一环节的目的是为下一环节的点拨讲解做好有效控制。

③ 点拨讲解，即教师根据学生提出的问题，有针对性地讲解点拨，实现以学定讲，以疑定解，做到因材施教。实施的要点为：属于学生中普遍存在的问题教师统一讲解；属于“跳一跳，摘得到”问题的，教师引导学生探究解决；属于不同知识水平上的“差异性”问题学生互动解决；属于课堂难以解决的问题延伸至课后解决，等等。教育改革家魏书生说过：“教师不替学生说学生自己能说的话，不替学生做学生自己能做的事，学生能讲明白的知识尽可能让学生讲。”可见，这一环节的主要目的是避免教师的“一言堂”，要精讲，做到“心中有人（学生）”，讲解要“有的放矢”，提高复习课的效率。

④ 训练内化，即通过知识点的训练内化为能力和方法，提升学生学科素养的过程。实施的要点为：第一步，知识能力训练，依据本单元的主干知识和考点知识，精选近年各地的高考试题进行针对性训练；第二步，方法技巧训练，在第一步训练的基础上固化为“类型”，提炼出“类型”题的解题方法和技巧；第三步，倡导学有余力的同学找出一些相同或相近的“类型”题，做到举一反三。吕叔湘曾说过：教学，教学，就是“教”学生“学”。全国名师洪镇涛在他的《教师的责任就是“教”学生“学”》一文中指出，“在教与学的矛盾中，学生的‘学’是内因，而教师的‘教’终究是一种外部条件，外因总是通过内因起作用的，教师的主导作用只有在充分调动学生的主动性和积极性的前提下，才能发挥出来”。可见，这一环节的关键是内化的过程，教会学生如何学，“授之以渔”，不能简单地将训练当成作业来完成。

⑤ 诊断反思，即单元复习效果的师生双向诊断，对照“三维”目标，找出存在的不足。《礼记·学记》中说：“是故学然后知不足，教然后知困。知不足，然后能自反也；知困，然后能自强也。故曰：教学相长也。”教学相长的核心是“自反”“自强”，前提是“教”与“学”的互动。教育改革家魏书生认为，每位学生都有辅助教师提高教学水平的潜能。实施要点为：第一步，师生共同按照“知识与能力——过程与方法——情感、态度、价值观”要求找出不足；第二步，学生自我诊断反思，主要包括知识

的模糊点、丢分点和学习态度等的诊断；第三步，教师对学生的反思，主要包括教学环节得失诊断、全体学生与学生差异化兼顾诊断等。这一环节的目的是，立足于以“学生主体”原则，通过诊断反思及时调整复习方案，做到进一步贴近学生生活、贴近学生需要、贴近学生实际，不能期望“一蹴而就”。

⑥ 拓展提升，即遵循学生个性发展特点，差异化拓展，个性化辅导。“三维”目标应该是对绝大多数学生而言的基础目标。实际上，不同的学生达到学习目标的层级一定是不一样的。复习过程中，要将“三维”目标和学生的具体情况结合起来，“拓展提升”要实现“三维”目标与学生个性化差异的统一。全国名师王后雄认为，“教师必须顾及学生个别差异现象，营造无障碍的教学环境，实现辅导多元化，提供多样的学习机会，使每个学生通过努力都能取得好的成绩，持续获得成功的喜悦感和成就感，走上人生快乐学习之路”。实施的要点为：以现代信息技术手段如网络、邮箱、QQ 等为支撑来落实这一环节。“拓展”从空间上看，可以是课堂向课外延伸，可以是书本知识向社会生活延伸；“提升”从广度上看，高中低学生可以差异化发展，从深度上看，兼顾学生不同知识水平或不同的兴趣点进行个性化辅导。

总之，“三维六环节”单元复习法是一个动态与静态相统一的教学过程。以单元“三维”目标为整体切入，以“六环节”有机组成部分为抓手，这是静态的。不同的单元知识，不同的学情，要求我们必须适时地调整和完善教学设计，这是动态的。对教师而言，“三维六环节”单元复习法既预设了“教”又控制了“学”，实现了教与学的统一。全国名师王后雄提出，“一个真正的教师，应该让学生建立起对于世界、对于自我的根本信任乃至信念，懂得学习是自身的需要”。对学生而言，“三维六环节”单元复习法倒“逼”学生把复习看作是自己的事，将“教师的功夫在课前，课堂的主人是学生”在复习课中落到实处。

【感悟】 现在看来，我的尝试在 2014 届高考复习备考中坚持做了，得失需要总结。我的体会是：其一，改变了教师的“一言堂”，学生的参与度提高，构建了高三备考的新型师生关系；其二，教师主动学习，做到有阅读、有思考、有行动，才能有改变、有收获；其三，走出原有的旧状态，迈向新常态，改变是艰难的，改变的过程需要付出艰辛的努力，改变的效果还需要及时监控和评估；其四，单兵单科推进的效果被打了折扣，因为师生的固有备考模式太强大了，培育备考新模式，学科团队和班级团队的合作、参与将会提高课改的效果，这需要你我的共同努力；其五，高三复习课更需要贯彻新课改理念，我们倡导的“减负、增效、提质”的落实在于改变课堂，高考绩效的提高也一定在于课堂的改变。其六，正如国家督学成尚荣所说，课改一定要“改课”。教学改革是课程改革具有实质意义的阶段和环节。今后，课程改革深化的一个重点应当是教学改革。

高考政治备考策略（PPT例证）

【动因】这一提纲成文于 2014 年 5 月 21 日，是为 2014 届高三（2）班学生的考前指导而作，目的是和学生一起回顾政治课应试的技巧、备考的要领、年度关注的热点等话题。一是想缓解学生的备考焦虑，二是想从宏观上引领一下学生。

一、选择题——确保正确率

（1）做题以中等速度为最佳：每小题平均用时约 1 分钟，过快易下“陷阱”，过慢时间将不够用；

（2）相信自己的第一感觉：每道题要力争做到位，忌“浅尝辄止”，忌轻易改动；

（3）“硬碰硬”加技巧。“硬碰硬”是指每个选项都能做出准确判断，这依赖于扎实的基本功；技巧主要有：①剔除错误题肢（排除法）；②四选三、两两组合选和对中选优题；③关系题；④宽泛（无具体指向）题；⑤经典论述题；⑥反向选择题；⑦正误混杂题（某人认为）；⑧漫画题；⑨图表题；⑩计算题等。

二、主观题——分数最大化

1. 答题要领：

(1) 细读题（提取有效信息、在试题上轻画线）；

(2) 慎审题（明确知识指向、紧扣题眼、围绕话题、注意主体等），联系并转化为学科知识点；

(3) 组织答案（凸现原理和关键词，提高答题的“含金量”）。

2. 注意事项：

(1)“原理先行”“原理写足”；

(2) “看菜（分值）吃饭（要点）”，注意答题的层次性（加小标题、撤开知识点）和有效性（大致答几点）；

(3) 使用“新”概念，融入时政知识点；

(4) 贯彻“辩证思想”，不留空白；

(5) 化解“措手不及”，注意融会贯通。

3. 类型与方法：

(1) 图表题：使用标题、先总后分、分析内容或结构（突出节点）、小注“不小”、现象背后的本质。

(2) 材料题：

①明确模块知识；

②仔细审题；

③分清原因、意义、作用、措施、体现、依据、影响、分析说明、解决办法、提出建议等的答题侧重点；

④做好“包装”。

(3) 辨析题：

①正误两面分析；

②找出辩点（即辨析空间），写明理由；

③做出判断；

④凸显辩证思想。

（4）哲学题：（蕴涵/体现类、依据/原因类、启示类等）

①字面解读，贴“标签”；

②语意连贯，整体判断。

（5）探究题：（要点/提纲类、建议类、启示类等）

①紧扣探究话题；

②还原成“普通”题；

③答案要点要写实。

三、2014年高考主流热点

1. 中国梦
2. 综合改革
3. 社会主义核心价值观
4. 群众路线教育实践活动
5. 海洋强国战略（例证如100校金典卷文综七第13题）
6. 科技创新彰显中国精神（例证如市“二模”文综卷第39题第一问）

【感悟】三年一轮战高考，送走了一批批的学生，姑且不论学科的高考改革的变化，仅就一届届学生的应试成绩来看，“短板”是主观题，得高分的关键和考试的效度在于提升应试的技巧。毋庸讳言，有考试就有应试，就有应试的技巧。我还是认同这样的观点，“技能是练会的，不是讲会的”。有人会说，高三复习阶段我们天天在练习，但师生抱怨，疲于应付，收效不佳。这是对以上观点的误判，我们必须明确，学生“练什么”，教师“讲什么”，学生在没有“技巧”的引领下做着一张张试卷，教师没有训练“技巧”的意识下分析着一张张试卷，这样的训练师生均会厌倦。那么，这里的“技能”是什么，我认为，它应该指向解题的

“方法”，“题型”的固化，答题的“要领”，简言之，技巧加能力。学生备考训练的是答题技巧，提升的是应试能力，而不是题海战术；教师讲解的不是孤立的问题，而是授予学生破解“类型题”的技巧，促使学生将技巧转化为能力。这样，师生才能走出误区，走向成功，轻松面对高考。其实，旧有传统的巨大惯性是消解这一做法的障碍，行动中，存在学生可能不适应，教师可能不喜欢，课外的辅助工作量大等不利因素，这召唤着有为的教师去努力实践。中国教育学会原会长顾明远说过，教师观念的改变是课改的关键，我想说，提高高考成绩的关键在于教师改变观念。

学生互评作业功效谈

【动因】此文写于 2015 年 2 月 25 日，政治学科作为学业水平测试的公共科目，针对教师的周课时少、班次多的实情，作业如何评阅是困扰政治教师的一道难题。受魏书生“十余年来没批过一篇学生作文”做法的启示，我决定尝试“学生互评作业”，此文就是这一做法和思考的记录。

政治学科作为学业水平测试的公共科目，针对教师的周课时少、班次多的实情，作业如何评阅是困扰政治教师的一道难题。我们的通常做法是，为了督促学生完成，教师要求学生上交作业，简单翻看甚至不看，就写上“查”或“阅”，签上日期了事，至于学生作业完成的过程和质量监控一直是个空白。如何破解这一难题？近期我重读《教育改革家——魏书生》一书，关于魏书生处理学生作文的做法，该书作者写道魏书生“十余年来没批过一篇学生作文”，学生批改作文，教师不是撒手不管。魏书生“预备着好多方法，学生只要按照他的要求做就是了”。受此启发，本学期我尝试“学生互评作业”的做法，收到了良好的效果。

学生互评作业分为四个环节。

第一环节，随机定人。以学号为基准，每次由教师随机确定互评人。比如：教师说“在学号上＋10”，那么，学号 1 的同学检查学号 11 的同学，学号 2 的同学检查学号 12 的同学，以此类推（说明：“＋10”后，学号 1 的序号或新学号为班级最大学号或最尾学号＋1，学号 2 的序号或新学号为班级最大学号或最尾学号＋2，以此类推）。

第二环节，发放互评清单，提出要求。互评清单如下：

1. 选择题（完成 未完成）

2. 非选择题（完成 未完成）

3. 他人最值得我学习的一点是：（书写工整 思路清晰 有学习过程 完成质量高）

其他（另写）：________________________________

检查人（姓名 学号）：　　　　被检查人（姓名 学号）：

时间：　　　年　月　　日

第三环节，学生互评作业。由于有了这张互评清单作控制，学生互评时就有了抓手，作业互评就不会流于形式，且能保证检查的质量。互评时间可以安排在课堂，也可以安排在课外进行。

第四环节，效果反馈。教师收回学生互评的清单，进行翻阅或抽查，以便掌握互评的效果。若发现未完成作业的学生，教师要查明原因，给出纠错的办法。

实践检验，学生互评作业的功效至少有以下几个方面：

（1）作业批改落到了实处，解放了教师。学生互评作业，每次每人只要评阅一份作业，学生负担不重，但将教师从班次多、作业量大中解放了出来。教师设定的“互评清单”是保证作业批改质量的关键，做实“反馈”环节是教师掌握学生互评效果的支撑。为此，教师可以将更多的时间和精力用于磨课，潜心研究教学，谋划高效课堂建设。

（2）点燃学生参与教学的热情。定人的随机性本身就是一个悬念，这让学生有种期待感。一方面，这一做法他们认为有趣，而且也有一种责任感，对此，学生参与的热情很高；另一方面，学生互评中我评谁，谁评我也倒逼每个学生不敢懈怠，努力高质量完成作业，这是因为，受“争强好胜”心理的支配，他们谁也不想在同学面前“丢面子”。

(3) 了解同伴，向他人学习。学生互评作业，每个人都有机会评到其他同学的作业，这样做，检查人会发现同伴的长处或不足，况且，“互评清单”中特地加了一条“他人最值得我学习的一点”，这就要求学生在评价他人时，要将自己放进去和同伴比对，在知己知彼中，为自己定位，做到在了解同伴中，扬长补短。

(4) 激发学生比学赶超。定人的随机性决定了好、中、差不同层次的学生均有机会互评，学生同处一个班级，层次低的学生在评定层次高于自己的学生，可以唤醒自我向他人学习的意识，激励自己通过努力来缩小与同伴的差距，进而形成比学赶超的良好学习氛围。

近日，中国教育学会原会长顾明远撰文指出，“教育改革关键在观念改变”。学生互评作业的尝试就是这一观点的诠释。愿广大教育同仁在教学实践中多一些改变，少一些“涛声依旧”；为提高教学效果多一些尝试，少一些空谈。

【感悟】教学实践中我们每个教师都会遇到各种困惑，也会发现一些问题需要改进，遗憾的是，我们的多数教师或是采取消极“胡任务”的办法加以应对，或是找借口绕着问题走，得过且过。主动作为的教师认为，教学的问题得靠我们自己想办法解决。“变则通，通则畅”。魏书生认为，每位学生都有辅助教师提高教学水平的潜能。我认为，解决教学中存在的问题，离不开学生的参与、配合和支持。“学生互评作业”不是教师的偷懒，而是教师对学生的一种信任和唤醒。这使我想到德国教育学家斯普朗格说过的一段话，教育的最终目的不是传授已有的东西，而是要把人的创造力量诱导出来，将生命感、价值感唤醒。唤醒是一种教育手段。父母和教师不要总是叮咛、检查、监督、审查他们。孩子们一旦得到更多的信任和期待，内在动力就会被激发，会更聪明、能干、有悟性。

“一导四学法”教学初探

——以教学《发展生产 满足消费》为例

【动因】 此文写于2015年3月27日。它是我回过头来带高一课，就新授课课堂如何改进的实践总结。我就如何上好高三复习课和课改的实践做法写下了《“三维六环”单元复习：构建高三一轮复习新路径》，新授课的“一导四学法”是“三维六环”单元复习法的延伸。

习近平总书记2015年1月12日在人民大会堂同中央党校第一期县委书记研修班学员座谈时指出，“干部不能干一年、两年、三年还是涛声依旧……每年都是重复昨天的故事”。这对教师的专业成长同样具有警示作用，我们做教师3年一轮又一轮的教学是否也是“涛声依旧，重复昨天的故事”？我们的课堂教学是否需要重构？我们的教学方法是否需要改进？教育改革家魏书生的座右铭：“今天要比昨天教得更好。”① 北京十一学校校长李希贵说：“一个成功的人不在于他知道了多少，最重要的是当他知道后不是坐着说，而是站起来做。”②

---

① 肖琪坤．教育改革家——魏书生［M］．北京：北京教育出版社，1991（08）：112

② 李希贵．新学校十讲［M］．北京：教育科学出版社，2013：14.

此前，关于如何上好高三复习课，我就2014届备考实践的做法写下了《“三维六环”单元复习：构建高三一轮复习新路径》，发表于《中学政治教学参考》。今年回过头来带高一课，那么，我们的新授课课堂如何改进？这学期我以“一导四学法”重构课堂教学，教学实践和学生问卷调查证明，效果良好。

“一导四学法”的“一导”是指精心设计新课导入，“四学法”是指“自主尝试学”“释疑引导学”“合作探究学”“展示巩固学”。下面以教学《发展生产　满足消费》为例，做进一步的阐述。

【导入】3分钟左右。这一环节的功能定位为“情境性”。设计意图是激活学生学科思维，为新课教学做准备。

教师：请同学们猜猜这是什么东西？（教师从口袋中拿出手机）

学生：（学生大笑着说）手机。（回答后，窃窃私语，满腹狐疑）

教师：有流行语说，“唐宗宋祖真伟大，但他们没有用过大哥大”。这是为什么？

学生：（先愣了一下，接着在笑声中回答）那时候还没有生产出手机呢。

教师：是的。生产决定消费。古代帝王虽伟大，但他们当然没法使用今天的高科技产品。这节课我们一起来学习第四课第一框《发展生产　满足消费》。

【自主尝试学】10分钟左右。这一环节的功能定位为“指向性”。设计意图是落实课程标准的“三维”目标。

教师呈现PPT，学生自主尝试学习本框内容，对照PPT在教材上标注要点，同时记录下存疑的问题。

一、发展生产　满足消费

1. 生产与消费

（1）生产决定消费

①对象②方式③质量和水平④创造（原）动力

物质资料的生产是人类社会赖以存在和发展的基础

（2）消费对生产有重要的反作用

①新的需求（导向）②新的热点（带动）③创造出新的劳动力

(3) 社会再生产过程

①四个环节：生产、分配、交换、消费

②四个环节的关系：

a. 决定　b. 桥梁和纽带　c. 最终目的和动力

2. 大力发展生产力（的原因）

(1) 解决我国社会的主要矛盾

(2) 坚持以经济建设为中心不动摇

(3) 解放和发展社会生产力是中国特色社会主义的根本任务

【释疑引导学】10 分钟左右。这一环节的功能定位为“控制性”。设计意图是释疑、破难。

教师站位要高，从 PCK（核心概念）知识的角度点明本框内容与前后知识的内在逻辑联系，精讲重难点知识。

物质资料的生产是人类社会存在和发展的基础。生产是源，生产是基础，生产决定消费，表现为：生产决定消费的对象；生产决定消费的方式；生产决定消费的质量和水平；生产为消费创造动力。

同时，消费对生产具有反作用，表现为：消费对生产起导向作用；新的消费带动产业成长；消费创造出新的劳动力。这表明，社会再生产过程四环节的关系为：生产起决定作用；分配和交换是桥梁和纽带；消费是最终目的和动力。

这要求我们，必须大力发展生产力。其原因是：为了解决“主要矛盾”；坚持“中心”不动摇；是中国特色社会主义的“根本任务”。

【合作探究学】10 分钟左右。这一环节的功能定位为“开放性”。设计意图是师生互动参与。

教师根据学生尝试学中可能存疑的问题预设 1～2 个探究问题，师生互动参与，在探究、质疑中深度学习。

探究一：手机不仅满足了人们打电话、发短消息的需要，而且人们希望“一机在手”，还能实现拍照、上网等需要，这就催生了智能手机的出现。这主要体现了生产与消费的什么关系？

探究二：请你从发展生产力的角度，谈谈教育、科技、人才的关系。

【展示巩固学】这一环节的功能定位为“验证性”。设计意图是反馈教学效果，提升学科能力。

首先，由学生各自对本框知识的学习进行归纳、小结，并画出“知识树”，同时请1～2名学生展示自己的学习成果。

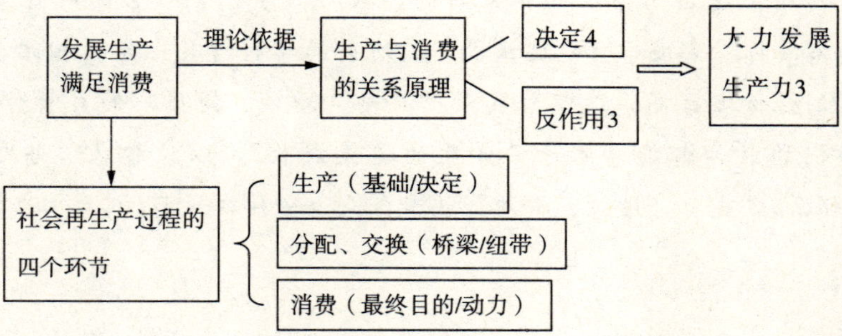

其次，教师用PPT呈现练习题，进行检测。

随着我国互联网普及率不断提高，电子商务发展迅速，网上消费需求呈现几何增长的趋势。截至2013年6月，中国网购人数达到4.73亿。这表明（　　）。

①消费对生产的调节和升级起导向作用

②生产决定消费的方式

③消费能带动相关产业的出现和成长

④生产决定消费的质量和水平

A. ①②　　B. ②③

C. ②④　　D. ①③

【留白】2分钟左右。“留白”是一种教学艺术，这一环节可机动使用。

教学改革从改变课堂开始。“一导四学法”是我对新授课课堂改变的一种尝试，一学期的教学实践，有收获，也有需要完善的地方。魏书生说，“只有不断更新自我的人，才会充满希望，充满信心，充满乐观”[③]。

【感悟】魏书生说：“只有不断更新自我的人，才会充满希望，充满信心，充满乐观。”[①] 2015 年从高一年级开始，我一直在使用“一导四学法”，从学生的调查问卷和自己的课堂观察来看，效果良好。下一步，我将以此法来给工作室成员上一节展示课，让他们和学生一起来评课，以便进一步加以完善。一年来，从考试的检测比对来看，导致 26 班和 19 班成绩悬殊的原因在于参与和落实的程度不同。有一点是我和学生的共识，那就是我的教学几乎没有占用学生的课余时间，我的教学任务（含课时作业等练习）基本在课堂完成，可以这么说，我所教的学科与其他学科相比，成绩和时间的性价比最高，这就落实了“减负、增效、提质”的目标。我想，如果我们的教师都能着眼于“学生的健康成长”，以“智慧”超越“知识”，那么，“减负、增效、提质”就不会沦为一种口号了。

---

① 肖琪坤．教育改革家——魏书生．北京：北京教育出版社，1991（8）：113.

领悟 内化 迁移 升华

——时政专题复习例谈

【动因】为探索新授课、高三一轮复习课、高三时政专题复习课三种不同课型的课堂结构，承接新授课“一学四导”法，高三一轮复习课“三维六环节”单元复习法，我写下了高三时政专题复习课的“领悟 内化 迁移 升华”一文。

时效性是我们政治学科的重要属性，时政专题复习是我们政治学科高考备考不可或缺的重要组成部分。如何有效进行时政专题复习，笔者尝试以“领悟、内化、迁移、升华”四环节联动，指向学生参与“动”起来，凸显教师引领，充分发挥学生的主体作用，取得了良好的复习效果，以《大众创业、万众创新》为例。

第一环节——领悟。

【设计意图】通过为时政材料拟定标题，让学生领悟给定时政材料的精义。

教师：这节课我们选取《大众创业、万众创新》2016 年高考时政话题中的两则材料来进行解读。

(PPT 呈现两则材料，供学生阅读)

材料一　2015 年 6 月，国务院印发《关于大力推进大众创业万众创新若干政策措施的意见》，这是推动大众创业、万众创新的系统性、普惠性政策文件。意见明确指出，推进大众创业、万众创新要按照“四个全面”战略布局，坚持改革推动，加快实施创新驱动发展战略，充分发挥市场在资源配置中的决定作用和更好地发挥政府作用，加大简政放权力度，放宽政策、放开市场、放活主体，形成有利于创业创新的良好氛围，让千千万万创业者活跃起来，汇聚成经济社会发展的巨大动能。鼓励创业，更要允许失败。

材料二　我国是世界上人口最多的国家，蕴藏着无穷的创造力。中华文明5000多年生生不息，源于中华民族自强不息、勇于创新的秉性。30多年的改革开放也是一场规模宏大的创新行动，极大地激发了社会创造活力，增强了全社会创造财富的能力。今天，草根创新、蓝领创新、创客、众创空间等新的创新形式层出不穷，创业创新正成为一种价值导向、一种生活方式、一种时代气息，一个大众创业、万众创新的时代正在向我们走来。

请你阅读时政材料，并为给出的两则材料分别拟定一个合适的标题。

（学生阅读材料，做准备）

教师：请两位同学上黑板写下自己拟定的标题。

（教师点评后，PPT呈现参考标题）

材料一（标题）：国务院为创新创业再出“给力”新政

材料二（标题）：创新创业正成为一种价值导向

第二环节——内化。

【设计意图】通过学生猜想高考命题的设问，模拟提出问题，将时政材料内化提升为学习能力。

教师：根据材料，请你从生活与哲学（其他三个模块的知识另行处理，下同）的角度，设计几个高考模拟问题。

（学生猜想，做准备）

教师：请几位同学说出自己设计的高考模拟问题。

（教师同步点评，然后PPT呈现参考的问题）

1. 国务院出台创新创业“新政”的哲学依据是什么？

2. 运用“求索真理的历程”的知识，阐述“鼓励创业，更要允许失败”这一观点的合理性。

3. 运用所学哲学知识，谈谈推进“大众创业、万众创新”的重要意义。

第三环节——迁移。

【设计意图】通过解决提出的问题，将时政材料与高考知识考点联系起来。

教师：根据材料，请你从生活与哲学的角度，给出可能涉考的知识要点。

（学生做准备）

教师：请两位同学上黑板写下自己能想到的知识要点。

（师生共同点评，然后PPT呈现参考的知识要点）

1. 一切从实际出发，实事求是

2. 正确意识具有指导作用

3. 把尊重客观规律和发挥主观能动性结合起来

4. 实践具有客观物质性和社会历史性

5. 真理是具体的有条件的，真理和谬误往往相伴而行

6. 认识具有反复性和无限性

7. 创新有利于促进科技进步，推动社会生产力的发展

8. 创新有利于发挥劳动者的聪明才智，创造和实现人生价值

第四环节——升华。

【设计意图】通过模拟练习，在实现教学目标的同时，锤炼能力，把握学习方法。

（PPT呈现模拟练习题，使用先前呈现的两则材料）

结合材料，运用所学经济生活的知识，分析国家推动“大众创业、万众创新”对经济社会发展的重要意义。

教师：下面我们请同学来先审题，再说一说该题属于那种“题型”。

学生：（学生回答整理为）①“话题”是大众创业、万众创新；②“知识指向”是经济生活的知识；③“题眼”是意义；④本题属于“意义类”问答题。

教师：请同学们根据“意义类”题型要求，尝试组织答案。

【思路引领】创业创新的主体是人民群众，首先要回答对劳动者的意义——就业、收入、消费，进而回答对经济结构战略性调整的意义。

(学生回答，师生共同点评，PPT 呈现参考答案)

【参考答案】①推动大众创业、万众创新，发挥劳动者的创造潜力，有利于实现创业带动就业；②推动大众创业、万众创新，有利于调动市场主体参与市场活动的积极性，增加市场供给和形成更充分的市场竞争，促进劳动生产率的提高和资源的有效配置；③推动大众创业、万众创新，有利于增加居民收入，促进社会公平；有利于扩大消费需求，促进生产发展，增强经济发展新动力；④推动大众创业、万众创新，有利于推动经济结构战略性调整，加快转变经济发展方式，打造我国经济升级版。

【感悟】2014 年 4 月备战高考前夕，县教体局教研室开展“名师课堂展示”活动，我应约在 C 中学为全县高三政治教师上了一堂高三时政专题复习示范课。在准备上示范课的过程中，经过反复推敲、研磨，我将高三时政专题复习课的结构定为，“领悟　内化　迁移　升华”四个环节，对原有时政专题复习课的操作流程进行了规范。2016 年 3 月，套用这一模板，我向《中学政治教学参考》投去了此文，编辑认可，他们在回复中告知，因错过 2016 年高考前出刊，建议我 2016 年 10 月再投。这启示我们，“专稿”的投递要注意把握好时间节点。

名师工作室建构智慧教学初探

北京十一学校校长李希贵在《新学校十讲》一书的扉页上写道："把我们的行动拿来研究，把研究的成果付诸行动。"

让我们先来感知一下阜新市第十一中九年级六班学生李惟嘉同学在《什么样的教育是好教育》一文中的心声，"如果没有排名，没有成绩，你还应为了什么目的而学习？我认为，应该为了检验自己的错误而学习，为了发现问题、思考问题和解决问题而学习。""你会的，不会的，都讲一遍，不觉得很浪费时间吗？我们复习的时候就不一定从头全部学一篇，就挑自己的问题、自己需要的来学。""让平时教学也注重方法，让思考成为习惯，让我们真正用眼去看问题，用脑想方法，用行动去证明。"李惟嘉同学的心声也是笔者一直在思考的问题，李希贵校长界定研究与行动的关系也正是我们想做的。

一、动因：起于想法

2014 年 12 月，我当选"肥东县名师工作室"（中学政治）主持人，8位成员来自全县不同的公民办、初高中学校，以此为契机，依托名师工作室来推进课堂改革成为可能。我对本工作室提出的教学主张是“有思考的政治，建构智慧教学”。为此，确立 2015 年本工作室以“研讨课”为抓手，在工作室成员学校开展磨课，在磨课中改造旧有的课堂，建构“有趣、有效、有活力”的生态课堂，实现智慧教学。

智慧教学既要体现教师的教学智慧，又要体现学生学习的智慧，它不是简单的传授知识，而是激发师生在互动中思考，让教者有效，听者有趣，从而呈现有活力的生态课堂。为此，我们从了解学生的学情为切入点，把脉学生的学习需求，以此为基础进行教学设计，组织教学。课后在工作室成员评课的同时，邀请学习的主人——全体学生参与评课，在磨课中完善、提升教学效果，进而提炼出智慧教学的基本环节和“基因”，以便更好地指导教师的课堂教学。

二、构想：源于思考

各成员观课后，及时评课。我们对工作室成员的评课提出如下要求：①人人必须发言；②发言人必须先说两条需要改进的缺点，再说一条有价值的优点；③各成员发言不得重复；④每个成员必须选择一个话题说说“我的教学构想”。以上要求是为了保证每个成员在观课中积极思考，在评课发言中要有自己的智慧，从而将教师评课落到实处，防止出现无针对性的、“唱赞歌”式的评课。

学生参与评课时，为了便于操作，小班额的我们采用举手发言的方式进行，指定专人做好记录；大班额的我们采用问卷调查的方式进行。无论哪种形式，我们都设计了若干问题引导学生参与评课。我们的引导问题有：①本节课我印象最深的环节是什么；②本节课最打动我的环节是什么；③我最喜欢老师的表现是什么；④学完本节课后，我的存疑问题是什么；⑤以后的课堂我还希望老师多做些什么；等等。我们对学生参与评课的要求是：学生从自己的亲身感受出发，如实说出自己的收获和期待。以便我们掌握学生的学习实情，在以后的教学设计中，保留学生乐于接受的“基因”，改造或剔除学生不满意的“基因”，在改进中一步步迈向“有趣、有效、有活力”的智慧教学目标。

三、践行：立于课堂

下面我以两节课例来做具体分析。

2015 年 4 月 16 日，我们工作室成员一行来到元疃学校（公办），为 N 老师的《灿烂的中华文化》（人教版，九年级）磨课。N 老师执教，各成员观课，随后教师和学生同时分别在不同的场地展开评课。学生评课发言的反馈，主要集中为：“最喜欢老师播放的 08 奥运视频”“最美孝心少年的视频打动了我”“印象最深的是老师讲的三个故事”“最喜欢老师面带微笑上课”“喜欢老师的幽默风趣”“希望老师多与学生互动”等。按照研讨课的工作流程要求，N 老师在教学反思总结中写道，“在教学方法上，教师在引导的过程中，自身的主体性过强，没能从学生的角度思考怎样有效运用探究、讨论等方法得出相关结论。”“在教学环节的设计中，《最美孝心少年》视频其实是从情感、态度与价值观的层面上体现思想品德的特性，从课堂效果上看确实打动了学生的心灵，在课堂气氛上形成了一个小高潮。”“其中一名学生在课后反馈中的一句话让我震惊：我喜欢老师在课堂上对我们鼓励、包容，更喜欢老师在日常生活中的为人处世。教师是人格对人格的感化，举手投足、点点滴滴都能起到育人的效果。”这次磨课，我们听到了学生的心声，了解到了学生的需求，事后在比对师生的反馈中找到了同频共振的“基因”，这也为下次磨课明晰了方向。

2015 年 5 月 15 日，我们工作室成员一行带着上次磨课的新体验，来到圣泉中学（私立），为 X 老师的《难报三春晖》（人教版，八年级）磨课。这节课学生评课的调查问卷反馈的意见集中表现为：“（导入环节的）歌曲《母亲》打动了我”“最喜欢这节课的辩论”“最打动我的是发言同学讲述自己真情故事的‘真情告白’环节”“最喜欢互动环节的颁奖和在爱心板上写感恩留言”“最喜欢老师与我们互动时的亲切友好”，等等。X老师在教学反思总结中写道，“在教案的编写、课件的设计、最美孝心少年评选、爱的留言板这几个环节做得较好”“要掌握和运用多种教学方式，本节课之所以能得到学生的认可，我觉得主要原因离不开自主、合作、探究的灵活学习方式的选用，这使学生的参与度有了很大的提高，真正凸显了学生的主体地位”。不难看出，本次磨课的效果明显提升，也体现了轩老师的教学智慧，这得益于她将学生的需求“基因”融入自己的教学设计，并以该学段学生乐于接受的方式推进教学，教学流程顺畅，取得了预期的教学效果。

四、启示：发于反思

改造旧有的课堂，建构“有趣、有效、有活力”的生态智慧课堂，其背后有哪些相对稳定的“基因”在支撑着呢？从我们工作室一年来的磨课实践中可以提炼出如下“基因”：①使用多媒体等现代信息技术；②讲故事；③微辩论；④运用组合式教学方式；⑤设计师生互动；⑥使用风趣幽默的话语；⑦尊重学生（平等）；⑧有亲和力；⑨专注而负责的精神。用这些“基因”遗传和复制而编织的课堂一定是有趣、有效、有活力的，学生也是认同的、喜欢的。我们不妨将它与旧有的课堂作一比对：

表1　旧有课堂与智慧课堂的比对

序号	旧有课堂	智慧课堂
1	一本书、一支粉笔	使用多媒体等现代信息技术
2	照本宣科	讲故事
3	平铺直叙	微辩论
4	单一讲解	运用组合式教学方式
5	教师自说自话	设计师生互动

（续表）

序号	旧有课堂	智慧课堂
6	语言平淡	使用风趣幽默的话语
7	居高临下	尊重学生（平等）
8	忽视师生关系	有亲和力
9	随意或不备课上课	专注而负责的精神

通过表1的比对，我们可以从三个维度做出解析。首先，从课堂生态维度看，智慧课堂应将知识点嵌入恰当的故事中且以信息技术手段呈现，或根据教学内容的需要设计微辩论等方式，来带动师生互动，提高趣味性；其次，从学生维度看，学生是学习的主体，不是被动接受知识的"容器"，因而，智慧课堂不能是教师脱离学情的"自说自话"，也不应是"硬套"某种单一的教学模式。实践证明，组合式教学方式更受学生欢迎，其课堂的效度远高于教师的单一讲解；最后，从教师维度看，智慧课堂要求教师用生态的思维方式来建构有生命力的课堂，从"学科教学"转向"学科教育"。平等、和谐的师生关系不容忽视，古有"亲其师，信其道"，今有研究指出，学生喜欢一门课或不喜欢一门课的原因超过70%直接或间接与教师相关。教师的亲和力、专注而负责的精神对学生习得知识，健康成长具有潜移默化的作用。课堂的活力与教师的创新力直接关联。著名作家龙应台说过："就创造力本身而言，其实没有城乡的差距，老师的本身创意有多少，决定了孩子的创意有多少。"

综上所述，做有想法、重行动的教育人，建构智慧教学离不开教师的内在驱动力，教师改变自我、重建自我是建构的关键。建构智慧教学从改变开始，它是教师专业成长从成熟走向优秀的阶梯。正如美国历史上支持率最高的总统肯尼迪所说："改变才是生命的本质。谁只守着过去，谁就会错过未来。"我们的课堂教学也是如此。

参考文献：

[1] 李希贵．新学校十讲［M］．北京：教育科学出版社，2013.

[2] 李金池．中国课堂的奇迹［M］．南京：南京大学大学出版社，2014.

[3] 吕纯志．教师工作方法创新案例集［M］．长春：东北师范大学出版社，2010.

[4]［美］R. 基思·索耶．剑桥学习科学手册［M］．徐晓东，译．北京：教育科学出版社，2010.

◀教育随笔篇▶

用教材教不等于教教材

背景：今年我校从全省公开选聘了 10 名高中各学科教师。根据学校的统一安排，近日，这些教师分别在校内上一节公开课，笔者应约听了几位教师的课，总体上，他们的基本功较为扎实，但也有少数教师还停留在教教材这个层面，与新课改理念的要求相比，如何“用”好教材教学，还有值得提升的地方。

存在问题：目前，教师组织教学习惯于依赖教材是一个通病。我们的老师明明知道教材有一定的局限性，但不能突破教材的束缚，他们往往只停留在教教材的水平，也就是照本宣科，但“用”教材教的能力有待于进一步提高。

解决策略：新课程倡导课堂的开放性，那么，我们就要解决“用”教材教而不是“教”教材的问题。在新课程中，教材的难度相对降低了，但对教师的要求更高了，教师要不断学习，注意积累，丰富自己的知识储备。教材作为一种文本，已不是唯一的学习资源了，同样的教材，不同的教师会教出不同的效果。一个思想僵化、学识匮乏、只会照本宣科的教师，再好的教材也会被糟蹋；一个有学识、有思想、有本领的教师，完全可以在有限中展现无限，在片面中构架完整，在滞后中开掘鲜活。例如，我在教学“经济全球化使各国经济发展的联系进一步加深”时，自然引入由美国次贷危机引发的全球金融危机这一时政知识，让学生能深切地感受到美国经济“感冒”，其他国家经济发展也要“打喷嚏”，这是“经济全球化使各国经济发展的联系进一步加深”的具体体现。将时政引入课堂教学可以弥补教材例证在时效上的滞后性，凸显政治课教学的时代性。

教师不能只“教”教材，“教”教材不符合新课改的理念，必须活用教材，用教材“教”是立足点放在学生身上，注重教学行为和学习行为的同步发展，注重知识传授中的能力培养。在新课程实践中，教师不光要解读教材，更要用教材作“诱饵”，去“钓”起学生思考的“鱼”，同时，以教材为圆心，向外延伸辐射。例如，在解读“树立正确消费观”理性消费时，我指出，市场经济条件下，我们要“消费”但不能“浪费”，这一字之差点明了理性消费的精髓，加深了学生对知识的理解。又比如：在区分“人大代表”与“人民代表大会”时，我提出，“人民代表大会”是国家机关，好比是“房子”，而“人大代表”就是住在房子里的“人”，二者是房子与人的关系。还比如：我们习惯上把“中央”理解为“党中央”，但“中央”其实指的是“核心”或“中心”，它作为与“地方”的对称词，还有“中央政府”“中央国家机关”等。再比如：在解读我国的“宗教信仰自由政策”的定义时，那一长长的描述性定义容易让学生发蒙，我用“公民个人的私事”对其进行“包装”定位，同时稍作解释，学生就会露出轻松的笑脸。

可见，“教”教材是教书，用教材“教”是教人，用教材“教”是课程改革对教师的新要求。

2010 年 12 月 15 日

新课程理念与老传统教法的碰撞之后

背景：我校作为省示范高中，历来注重教、科、研工作，如培养青年教师的“青蓝工程”等。为指导青年教师S准备市、县优质课比赛，我应约听了S老师上的《股票、债券和保险》(《经济生活》必修1第二单元第六课）的赛前演练课。S老师调入我校虽然只有两年，但他课堂教学语言风趣幽默，基本功扎实，当时正在带高三毕业班的课，我想他应对《经济生活》必修1的教学内容应该是轻松的。带着这样的预期，我兴冲冲地踏进S老师的课堂。

问题：应该说，S老师的准备是充分的，教学中他既使用了多媒体课件，又深入细致地分析了教学内容，其中还穿插了师生问答，整节课满满当当。说实话，随着教学过程的推进，我原有的好心情在一点点地消失，我与学生一样既压抑又累，直至下课铃响，我带着灰暗的心情走出了教室。

课下交流时，根据我校“青蓝工程”新老教师结对子帮扶的要求，我在充分肯定S老师这节课优点的同时，进而指出：（1）市教研室指定的比赛课《股票、债券和保险》的内容多而杂，内容“多”，教师按传统教法要在一节课中全面讲解是做不到的，且这也背离了新课程改革的要求，这其中同时也暗藏着评委指定课题的独具匠心，它要求参评教师必须用新课程的理念来处理教材；内容“杂”，是说教师在处理股票、债券和保险这三个知识点时会出现零散而杂乱，缺少整体性的情况，这就要求教师必须能够找到一根“红线”将教材内容串结起来。(2) S老师从上课到下课一直在卖力地讲，虽然课堂上也穿插了师生问答，但我猜想他可能也感觉到课堂教学的效果不是太好。原因在于，只着力“心中有书”，忽略了“目中有人”，背离新课程的理念，偏重教师的主导作用，必然导致学生的参与度下降，课堂气氛沉闷，同时，这也湮没了S老师风趣幽默的教学风格，这是一个缺憾。

解决策略：通过交流，我建议S老师：(1) 从投资理财的选择整体切入，从“我的邻居刘先生的烦恼”这一事例贯穿全课，将股票、债券和保险这三个知识点融为一体；(2) 用新课程理念引领，改变教学设计，优化课堂结构，多媒体课件跟进要“为我所用”，化繁为简，将课件画面与教学过程有机地融合起来；(3)“放手发动群众”，这节课的许多知识学生完全可以自己独立完成，教师讲解不必面面俱到，对学生进行分组让其自主学习，让学生的主体作用凸显出来；(4) 发挥教师的个性特长，上出特色，上出风格，比如将通俗歌曲中的歌词用唱歌的形式引入教学就很好；(5) 可要求学生为“我的邻居刘先生”设计一份投资理财方案作为课堂知识的巩固。

结果：在综合我和其他教师意见的基础上，S老师重新进行了教学设计，在正式比赛前夕，恰逢我校开展“教学开放周”活动，市教研室政治教研员卢老师应邀来我校指导工作，他听了S老师修改后的《股票、债券和保险》示范课，课后评议，卢老师从课堂结构、教材处理和学生自主学习以及师生互动等方面对S老师这节课给了充分的肯定。在随后的比赛中，S老师获县一等奖、市二等奖。

案例评析：有人说，新课程改革的最大阻力是高考。当初，我也有同样的顾虑，对新教材内容的删减不放心，时不时地将原有教材的内容充实到教学中来，但这样教师课时紧，学生学得累，其实，这是传统教法的惯性使然，那是教师在教教材，在表演给学生看，离开了对学生的深入了解和悉心研究，教学效果将大打折扣。后来，我尝试着“跳出这个圈子”，用新课程理念引领，调动学生的积极性，充分发挥学生的主体作用，关注学生的所思所想，在课堂教学的鲜活性上下功夫，提高教学效率，把课教到学生身上，教到学生心中，这既契合了新课程理念，又是当下受学生欢迎的好教师的重要标准。新课程改革后，我带的2009届和2010届高三学生不俗的高考成绩就是一个明证，我校S老师在随后的市、县优质课比赛中能获大奖也是一个很好的例证。可见，优化课堂结构，提高教学效率，做到“心中有书”和“目中有人”，这既体现了新课改的要求，又是当下学生的热切期盼，也是学生取得更好成绩的有效保证。

2010年10月6日

东北师大研修感悟

合肥市教育局高瞻远瞩地与东北师范大学合作举办了现代型中学骨干教师高级研修班，为全市首届骨干教师提升思想道德素养和科学文化素养搭建了良好的平台，本人有幸参加了 2011 年 7 月 8 日至 18 日的第二期研修班学习。

所见

东北师范大学坐落在长春的人民大街上，美丽的校园，浓郁的文化底蕴，让我们见证了培养一流教师摇篮的大气和风范。此次长春之行，我们不仅了解了东北的民俗风情，看到了长春市民的幸福生活景象，而且见到了我们仰慕已久的教育教学专家学者。

所闻

在深受感染和感动中，我们聆听了教授、博士生导师王小英的《多元智能理论及其对我国教育的启示》，教授、博士生导师刘晓明的《现代学习论与教学》，教授、博士生导师陈旭远的《构成课堂教学的预设与生成》，教授朱玉民的《信息化教学资源设计与应用》等教育教学发展的前沿理论；东师大附中首席教师郝淑霞的《教师自我反思实践研究》，东师大附中优秀班主任王玉娟的《新课程理念下的班主任工作》等一线优秀名师的教育教学实践案例；副教授、硕士生导师王海英的《学习动机的激发与维护》和《做学生心灵的守护者》等支撑教育教学的心理分析。本次研修班的课程设置科学合理，内容翔实而生动。学习期间，主办方还组织本期学员观看了东北二人转表演，让我们有机会近距离地感受地方文化的特有魅力。

所悟

本次学习的最大收获不仅在于提升了我们的思想道德素养和科学文化素养，而且在于更新了我们的教育教学观念，更重要的是为我们这些小有成就的骨干教师指明了下一步的前进方向。教师的专业成长是一个螺旋上升的渐进过程。有效的课堂教学需要新课程理念的引领，优秀的班主任工作需要运用正确的心理疏导和高超的“人本”艺术，教师停留在原有经验上的教育教学不仅不能取得良好的教育教学效果，而且可能使自己在自我陶醉中迷失方向，甚至可能会误人子弟。说实话，作为本地区本学科小有成就的我，通过这次研修学习变得清醒了许多，做一个教育教学的成功者，无论是课堂教学还是班主任和学校管理工作，我们能做的和将要做的工作是太多太多了……更新观念，与时俱进，做一个成功的教育者，我们仍需不断前行！

2011 年 7 月 21 日

抢抓机遇 精心准备 方能水到渠成

——海南中学赛课杂感

2011年12月3至5日，第九届全国高中信息技术与课程整合优质课大赛现场总决赛在海口市海南中学举行。这次大赛是由教育部数字化学习支撑技术工程研究中心、全国现代教育技术培训中心、东北师范大学联合举办，海南省教育厅协办，海南中学承办。参加本次大赛的350多名选手来自全国28个省市自治区直辖市，涉及高中13个学科，比赛分为语文、数学和信息技术、英语、理化生、政史地音体美5个组，获得一等奖的优质课选手共50人。参加决赛的选手主要来自全国各省市（课改实验区、市、县）的逐级选拔推荐和经全国中小学信息技术与课程整合优质课大赛组委会初评胜出的教师；部分选手来自全国现代教育技术培训中心（东北师大）推荐、并通过全国中小学信息技术与课程整合优质课大赛组委会初评的优秀教师，才有资格参加决赛。本人有幸参加了政治学科优质课现场决赛，并获得了一等奖。从参赛准备到现场赛课历时一个多月，个中甘苦，难以忘怀。

抢抓机遇

合肥市教育局高瞻远瞩地与东北师范大学合作举

办了现代型中学骨干教师高级研修班，为全市首届骨干教师提升思想道德素养和科学文化素养搭建了良好的平台，本人参加了2011年7月8日至18日的第二期研修班学习。学习期间获悉第九届全国高中信息技术与课程整合大赛将于2011年12月在海南举行，返校后我主动与大赛组委会卫教授联系，他回复说，作为东师大高研班的学员可直接报送《教学设计》参加初赛，但因政治学科不设“同题异构”课，我只能参加优质（微型）课比赛。得到回复后，我立即投身参赛准备，首先选定好了课题《在文化生活中选择》，然后着手编写教案，9月19日将填写好的参赛资格审查表和编写好的教学设计详案一同发送给了大赛组委会，接下来是漫长的等待。

作为20世纪60年代中期出生的教师，因年龄原因我参加赛课的动力越来越小，而且在学校我能参加赛课的机会也越来越少。抢抓机遇，主动参加高端赛课活动，是对自我的历练和挑战。

精心准备

11月1日上午，正忙着公务信息技术的L老师碰到我说，大赛组委会在网上公布了决赛名单，安徽赛区有我和学校的其他两位老师，当时我精神为之一振。放下手头的工作，我立刻上网将决赛名单、邀请函、决赛要求等下载存盘，开始进行实质性的参赛准备。第一个阶段：第一步，向我校参加第八届比赛的两位老师咨询参赛的相关事宜，同时会同本组的H老师对教学设计进行推敲和完善；第二步，构思和制作PPT，同时邀请本组X老师参与PPT演示文稿的完善；第三步，第一次演练，同时邀请宣沫副校长、教科室副主任李长浩（第八届优质课大赛一等奖获得者）和本组几位同仁参与评审。忐忑的我第一次演练完之后，宣沫副校长在知识的逻辑结构上提出了改进意见，同时指出PPT内容要有学生身边的素材等建议，李主任就这次赛课的要求提出要挖掘整合点、要有课堂实录片段、要有自创的动画设计等修改意见，本组参与听课的老师也提出了不少好的建议。第二个阶段：第一步，综合上述的改进意见和建议，我对原有的教学设计和PPT文稿进行了较大幅度的调整和重构，本节课挖掘了6个整合点。接着请汪玉祥老师录制了几个课堂教学片段，根据我的构思，在汪老师的大力支持下，完成了PPT演示文稿的第二稿；第二步，11月18日下午，自信满满的我再次演练，请大家提改进意见。我本以为这次基本可以定稿了，但李主任听完后认为"课型与大赛的要求不太吻合"，这句话让我的畏难情绪开始蔓延，说实话，这时的我有点发蒙。离参赛的时间只有两周了，这种课怎么上？下一步我该怎么修改？第三阶段：寝食难安的我灵光一现——上网查！19日上午我首先查了这一课型的结构要求，恶补理论，比对参赛要求；19日下午和晚上我一口气看了这一课型的网络视频10多个，同时记录下别人的精彩瞬间。这时第三稿的思路逐渐清晰起来，感觉也一点点找到了。第二天，我和汪老师共同将我的重新构思制作成了PPT的第三稿，演练了第三稿后，心里踏实了许多。转过来的一周，我又将演练的过程进行录像，一来便于大家提建议，二来也便于自我修正。大家看后，基本表示满意，宣校长根据自己的赛课和评课经验又提出了一些注意事项，这样就算定稿了。第四个阶段：编写串词，杜绝废话，同时从体育组Z老师手中借来秒表进行计时演练。这时离参赛只有几天的时间了，这期间我每天的模拟演练不少于4次，力求达到串词脱口而出，PPT演示与串词浑然一体。

参赛准备的过程不仅需要有好的团队支撑，而且需要有克服困难超越自我的勇气；参赛准备的过程不仅要不断学习，特别是要利用好网络资源，而且也是个人历练和提升教学素养的良机。

观摩与参赛

12月2日下午，李主任带队，我们一行五人飞赴海口市。抵达入住的丽华大酒店已是晚上10点多，我们四个参赛选手顾不上吃饭就直奔大赛组委会指定的场所提交参赛材料，进行课件的拷贝和调试，忙到近12点才回到房间准备休息。第二天上午，我们参加了在海南师范大学举行的开幕式，下午 1：30 分优质课大赛在海南中学分 5 个组同时举行。由于大赛组委会按参赛选手姓氏第一个字母排序，我为第五组的 55 号参赛选手，当天下午没有比赛任务。按照规定，每个赛场有三部摄像机全程录像，选手上课，评委评课，其他选手可以现场观摩，这为选手间相互学习搭建了平台。借此机会，整个下午我听了近 30 位老师的课，同时在比赛间隙也聆听了专家评委的几次点评。晚饭后，在住处，我综合下午的听课体会对自己的参赛课进行了微调，并进行了几次模拟演练。4 日上午 7：30 分，比赛继续进行，我也继续观摩他人的课。期间我离开比赛场地，在室外再次模拟演练了自己的参赛课，约 10：00 轮到我上场比赛，庆幸的是，我顺畅地完成了比赛。5 日上午是另一种课型——同题异构课的比赛。尽管我的比赛任务已完成，但我还是舍不得放弃观摩学习的机会，继续听了语文、地理、化学三节“同题异构”课。

这次的海南之行，三天的比赛，我听了除英语以外的其他所有参赛学科近 50 节“微型课”和“同题异构”课，作为一线教师，我甚感欣慰。来自全国 28 个省市自治区直辖市的优秀选手或年轻有为活力四射，或人到中年沉稳老道，在全国名校海南中学的赛场上同台展示，无论是他们讲课的娓娓道来、驾驭课堂和调动学生的能力，还是他们利用多种信息技术整合课本知识的能力和技巧，都让我受益匪浅。

2012 年 2 月 3 日

《追问教育的本质》读书报告

《追问教育的本质》，作者：柯领，美籍华人，自由学者。本书的内容概要：美是教育的本质，是构成教育的核心与灵魂。在此教育思想的观照和穿透下，教育的五育结构就应该是“美、德、智、体、劳”，这才符合教育发展的客观规律。由此，教育的实践就应该在“教育为立国之本、美育为立教之本、审美为立人之本”这三大信念的主导下，以培养学生“艺术的感觉、哲学的思辨、科学的实证”这三大核心素质为目标，围绕建构人生的三重境界，即“审美境界、天地境界、功利境界”全面而系统地展开。本书以“教育的心理学基础”为理论起点，分析“教育的任务”，推演出“教育的终极模式：生命教育模式”，并给出“唤醒生命的教育实践”：胎儿教育的策略，就是培养敏感的人；幼儿教育的策略，就是培养快乐的人；小学教育的策略，就是培养审美的人；中学教育的策略，就是培养具有审美精神与和谐发展而又有创造能力的人；大学教育的策略，就是培养具有世界文化胸怀和善于解决问题的人。

本人最喜欢的部分是第三章第四节“中学教育策略”部分。我的“理想课堂”契合了作者的“生命教育模式”的教育理念，对新课程“三维”目标的关系有了新的认识，就是“情感、态度与价值观”目标不仅是教学的终点，更重要的是，它是我们教学展开的起点。

本书的阅读引发了我对理想课堂的进一步思考，并写下论文《让学生的笑脸成就精彩课堂》。

毕业于师范院校的我因为多年来专注于学科教学，疏于对教育心理学的研读，学科专业性的发展与教育心理学的分裂，必然会导致教育理念的肤浅和狭窄，个人素养的提升必须要坚持不懈地学习，而且要坚持拓宽视野的多元化的学习。

2013 年 6 月 18 日

心无旁骛恋教育

——在县教育家培养对象座谈会上的发言

原国务院总理温家宝倡导要“教育家办学”，他多次提出“要大张旗鼓地讲教育家，宣传教育家，中国得有成千上万的杰出的教育家来办学”。倡导教育家办学，就是要让真正爱教育、懂教育，愿意终身从事教育的人来办学，让教育回归育人本质，在办学实践中推动教育家脱颖而出，最终实现办一流教育、办一流学校、培养一流人才的目标。

有人说，教育家应该有四个界定条件：一是终生从事学校教育或者有长期的一线教育教学实践，深入了解党和国家的教育方针及教育政策，有超越世俗的高远追求。二是有广博的学识修养、宽阔的胸怀和丰富的管理经验，得到社会的广泛认可。三是有某方面突出的教育教学成就。四是有独到的、富有创建的教育思想、研究成果并著书立说。

也有人说，教育家办学既是对传统教育的理念性反思，也是对全面推进素质教育的制度性探索。实现教育家办学的前提是要培育教育家，教育家首先要有实用高效的教育思想。“教育智慧诞生在一线，教育思想成长在一线。”所以，教育家应该坚定不移地在一线实践中丰盈自己的思想。同时，教育家应该在自己独到的教育实践中完成自身的成长，而通过独到的教育实践，让老师和学生的才华得到最大限度的升值，这应该是教育家办学的最高人格追求。

下面我就优秀教师成长为教育专家的路径谈几点研修的体会：

一、要阅读

立足于一线教学可以成为一名优秀教师，但要上一个更高层次成为教育专家，将阅读培养成习惯则非常必要。马向阳（中学语文特级教师，海南中学校长）在《阅读，最幸福的生活方式》一文中指出："为了学业和工作需求进行的功利性阅读，是人生中必不可少的项目，它能够极大地改善一个人的生存和工作状态；而为了丰富和满足自己精神生活所进行的闲适性阅读，则像阳光与水分一样，时时滋润着心灵的沃土，提升着生活的乃至生命的质量。"① 北京师范大学教授钟伟在《阅读是一种安静的力量》一文中指出："每天看五分钟新闻联播、非诚勿扰之类，坚持十年，这个人仍将是一无所知的废物，每天五分钟，读一点经典，学几句法语，同样十年，这个人将有一技之长。"② 朱熹诗言："问渠那得清如许？为有源头活水来。"阅读就是源头活水。阅读可以让我们与喧嚣的世界保持一定的距离，静下心来与"高尚的人"进行心灵的对话。为此，首先，我们要阅读教育专著，如杜威的《经验与教育》（1938 年）、柯领的《追问教育的本质》、李政涛的《教育科学的世界》（2010 年）等，阅读可以引发我们反思和诊断教学实践中存在的不足，自觉进行自我完善；其次，我们要阅读专业期刊，如《人民教育》《基础教育》《思想政治课教学》等，阅读可以引领自己与时俱进，在原有的实践和新理念的碰撞中启迪智慧的火花，不断创新，从而更好地适应教育教学改革的发展；最后，我们要阅读国家有关教育的文件、规定，如《国家教育发展纲要》《课程标准》等，阅读可以引导自己更好地贯彻教育方针，提高教育教学实践的针对性，切实服务好教育教学工作。

---

① 马向阳．阅读，最幸福的生活方式．人民教育，2014（7）：72.

② 钟伟．阅读是一种安静的力量．南方周末，2013－03－15.

二、勤写作

教育专家成长是一个漫长的过程，而这一发展过程也是一个长期积淀的过程。谢国桢先生认为："要研究学问，就要下苦功夫，勤于思想，勤于动笔。"茅盾先生说："学问是经验的积累，才能是刻苦的忍耐。"平时养成勤于动笔、善于动笔、乐于动笔的习惯，一方面我们可以从写教学反思、写成功或失误的教学心得、写阅读笔记、写各类研修的学习心得等做起，坚持下去就可以积累下大量的第一手教学素材，弥补"书到用时方恨少"的缺憾；另一方面我们可以将自己思考的一些教学理念或实践做法上升到理论高度撰写成专业论文，体现从实践再到理论，实现认识的第二次飞跃。以上两个方面是助推优秀教师成长为教育专家不可或缺的重要环节。可见，有积累，才有分量；有积淀，才能厚积薄发。

三、做课改

事物是变化发展的，教育教学也不例外。由优秀教师成长为教育专家，做课改是其发展的必由之路。"课改一定要'改课'。教学改革是课程改革具有实质意义的阶段和环节。今后，课程改革深化的一个重点应当是教学改革。"① "课改也是实现教育公平的方式。课改的真正意义在于使学生成为学习的主体，在于让教师尊重学生的能力和兴趣差异，使具有不同潜质的个人都得到充分发展，这是超越了入学机会和办学条件等客观层次的更深意义的公平。"② "教学有法，教无定法，贵在得法。"美国教育家埃根在《教师策略》一书中指出，教学中不存在一种可以适用于所有教学情境的模式或结构，不同的教学目标需要有不同的教学策略与之相适应，世

① 成尚荣．课程改革："回归"不是倒退．人民教育，2013（20）：31.

② 李帆，尹红岩．公平与质量是一枚硬币的两面．人民教育，2013（21）：10.

界上不存在一种万能的教学模式。不同模块、不同单元、不同章节应选择不同教法；同样，新授课与复习课有不同教法；更重要的是，我们可以将自己的教学理念融入传统教学，不断创新教学方法。“所谓课堂教学的魅力在很大程度上是教师的教学风格，应鼓励教师在已有教学经验、特色的基础上追求并形成自己的教学风格。风格是教师专业发展的最高境界，也是教学改革的最高境界。”① 如我在近期的高三复习实践中摸索出的并正在运用的“三维六环节”单元复习法和“六看”联动法等实践证明，这些教学方法更加贴近学生，更加贴近实际，教学效果良好。

以上三点的首字相连为“要勤做”，“要”是主观意愿，“勤”是发挥主观能动性，“做”是立足实践。“要勤做”的过程就是教育教学改革创新的过程。

下面再谈一谈培养活动的困惑与思考：

(1) 禾苗茁壮成长需要沃土。同样，教育专家的培养需要成长的平台。我县启动的教育家培养工程是平台的一个支点，但这是不稳固的。要切实推进培养工程的开展，成立“名师工作室”或可成为又一个支点；定期举办针对培养对象的教育教学“专题论坛”或可成为再一个支点，不难看出，支撑平台的支点越多平台将越稳固。

(2) 培养的效果在落实，落实的形式不同会直接影响效果。34 位培养对象用一个模式去培养是不合实情的，注重差异，实施个性化培养，效果或更好。比如，将 34 人分为文科类、理科类、综合管理类 3 组，以小组为单位与指导专家对接，在发挥每位培养对象应有特长和潜能的同时凸显培养的效果。

总之，参加教育家培养对象的研修学习活动，我们拓宽了视野，接触到了一流的教育水准，感受到了他人的成功。反观自我，明白了与别人的差距，也激励着自己需更加努力，明确了下一步前进的方向，鞭策着自己需持之以恒求发展，心无旁骛恋教育。

2013 年 11 月 27 日

① 成尚荣．教师应成为课程改革的主角．人民教育，2013 (21)：43.

师生同读《爱因斯坦》杂谈

“迷”一样的爱因斯坦，以及他广为流传的“成功公式”和收录在高中政治教材中的“人生的价值在于奉献”等，使我一直想从人文精神的层面去进一步了解爱因斯坦，巧的是，前两天上课时发现，高一(26) 班 X 同学有一本《爱因斯坦》，我与他相约，方便时将该书借我一读。拿到《爱因斯坦》后，我认真阅读，并写下这篇杂谈，既算是个人的读书笔记，也算是与 X 同学交流读书感悟的一种尝试。

如上所述，我读《爱因斯坦》不是要通过这本书读懂“相对论”，我想读到是爱因斯坦的人文情怀。比如，许多年来，爱因斯坦神奇的成功公式一直被人们传颂着。作者在《爱因斯坦》一书中是这样描述的：“1902 年爱因斯坦受聘为伯尔尼瑞士专利局三级技术员时，在回答一位同事问他‘怎样才能做一个好公务员’的问题，他说：‘我有一个公式：A＝X＋Y＋Z，在这个公式中，A 表示成功，X 表示勤奋，Y 表示正确的方法，那么 Z 呢，表示少说空话。’”① 根据书后的爱因斯坦年表推算，那一年他才 23 岁，小小年纪就对自己未来人生规划有精准的定位，这可能是他日后能够登上科学巅峰的“密码”吧。再比如，

---

① 李红丽．爱因斯坦．北京：光明日报出版社，2012：30.

作者写作的另一条主线指向是，“爱因斯坦是一个爱好和平的人，他一直为人类的自由和和平而奔波”。1931年，他告诫青年：“如果你们想使自己一生的工作有益于人类，那么，你们只懂得应用科学本身是不够的。关心人的本身，应当始终成为一切技术上奋斗的主要目标。在你们埋头于图表和方程时，千万不要忘记这一点。”① 在婚姻家庭即将破裂时，爱因斯坦与第一任妻子米列娃争吵时还说：“我觉得物理学需要我，人只有献身社会，才能让短暂的生命实现最深远的意义。”② 晚年在追忆居里夫人等已故友人时，爱因斯坦曾写道：“她的道德面貌也许比发现镭对科学的影响更大。领袖人物的道德品质对于当代和历史进程来说，也许比单纯的智力成就具有更大的意义。”③ 从作者以上的记述中我们不难看出，爱因斯坦的名言，“一个人的价值，应当看他贡献什么，而不应当看他取得什么”④，显然这不是空洞说教，他一生都在践行着自己的诺言！作者在书中引用罗素对爱因斯坦的评价也是很好的诠释：“他虽然很有天才，满载荣誉，但很朴实，没有丝毫的优越感……他不仅是一个伟大的科学家，而且还是一个伟大的人。”⑤

读完《爱因斯坦》，我也获得一些新的收获，有了新的感悟。比如，犹太物理学家西拉德是爱因斯坦的朋友兼学生，他深信链式反应能够制造出一种威力无比的新型炸弹，他也是在科学意义上第一个使用“原子弹”三个字的人。原子能的释放是建立在由于把相对论运用到原子核物理学而发现的规律。因为他提出的质能公式 $E=MC^2$ 奠定了原子弹的理论基础，为此，有人把爱因斯坦称作“原子弹之父”。又比如，父亲的数学天赋、母亲的音乐天赋，恰到好处地合成出一个伟大的爱因斯坦。非凡的思维能力、丰富的想象能力，就是爱因斯坦继承父母天赋的证明。爱因斯坦是一位出色的小提琴家，他对音乐有很深的造诣。小提琴成了爱因斯坦科学生涯中的终身伴侣和欢乐女神。它为这位科学家驱散了孤独和忧郁，为爱因

① 同上。第138页。
② 同上。第98页。
③ 同上。第132页。
④ 同上。第163页。
⑤ 同上。第133页。

斯坦的科学生涯带来了科学之光，增添了美丽与和谐。以上两例使我对爱因斯坦有了更具体、清晰、全面的认识。再比如，在20世纪初柏林皇家科学院的年会上，爱因斯坦和普朗克进行过一次小提琴、钢琴二重奏。相对论的创始人和量子力学的创始人的这次合奏，被称为世纪的合奏。正是相对论与量子力学这两根伟大的支柱，构筑了整个20世纪物理学和科学无比辉煌的殿堂。人们在追问，爱因斯坦多维时空的想象、深奥莫测的天马行空的数学演绎，以及由此推出的那些惊世骇俗的结论，都是从哪里得来的？把科学和音乐联系起来，所有问题就都有答案了。音乐作为一种精神催化剂，悄然渗透到了爱因斯坦的科学思维中。爱因斯坦对事物有着卓越的直觉能力，这种令人叹为观止的直觉能力，实则与艺术家的想象有异曲同工之妙。B. 霍夫曼称爱因斯坦为"科学的艺术家。"作者在书中的一个场景描述和一个追问解析，让我印象深刻。反观当下我们的教育现状，反思"钱学森之问"，那些在学校教育中"唯分数论"，忽视甚至轻视艺术和审美教育，不重视校园文化建设等现象，是多么的短视的行为，这让教育者深感愧疚！

当然，我还想读到晚年爱因斯坦研究"永动机"的话题，但作者在书中未曾记述，这将激发我的拓展阅读。而你在阅读《爱因斯坦》这本书时，"你想读到什么？""你读到了什么？"老师从你在书中的圈圈、划划和扉页上"有温度"的文字上推定，你的收获一定很大。我想，以下几点可能是你我的共识：第一，中外名人传记（《爱因斯坦》是"六角丛书"中外名人传记之一）是实现励志教育的有效载体；第二，一个人的成功离不开执着的奋斗精神；第三，名人的个人成长经历具有不可复制性，但名人追求真理的精神和良好的道德品质可以成为照亮我们前行的灯塔；第四，从阅读中外名人传记中汲取精髓，激励自己战胜困难，贵在指导行动。

2015年1月2日

和他们在一起真的很开心

已记不起这是第几次了，25 日接到 2001 届学生 R 的电话，说是年末了他邀了几个学生想和我在本周末晚一起吃个饭聊聊天，我答应了。这样的约请电话已不是第一次，往日的毕业生年末相聚，邀我这个班主任出席，放下电话心里还是暖暖的。晚上 5 点多，学生 R 开着私家车将我接到了酒店，参加这次聚会的有十二三个男女学生，他们中有半数是从合肥赶来的，也有夫妇同时出席的。

饭局在浓浓的气氛中展开，席间谈论最多的话题当然是他们在母校一中就读时的趣事，时光转换，他们敞开心扉的真情话语同样也唤起了我的美好记忆。毕业后一些久未谋面的学生的形象，在我的脑海中也变得清晰起来。读书时几个“不太安分”的学生一边向我敬酒，一边检讨着自已读书时的不懂事，这让我在感动中体会到他们都已长大成人。他们用睿智的语言谈论着彼此的校园生活，既展示着他们对今天生活的自信，也让我这个班主任对当时工作中的不足感到愧疚，反省着当下教育教学中的所作所为，明确了“分数不是学校教育的全部”，每个学生的自然、健康成长才是教育的本真。“为师者，当警醒!”

饭局“压轴”的一幕是他们自发地“晒”出各自宝宝的照片或视频，他们那种初为人父母的喜悦和幸福感，不仅折射着人性的光芒，也深深地感染着我。

和他们在一起真的很开心！

2014 年 12 月 28 日

不经意间的感动

2014年12月24日晚自习，我在1号教学楼4层的高一（19）班坐班值日，晚上9：30下课铃响了，学生们争先恐后地准备走出教室，快速下楼。我也和学生们一样快步走向教室门口，准备开门（冬天温度低，上晚自习时，教室门是关着的）离去，就在我走到门口时，坐在门口第一排的男生起身主动为我把教室门打开，神情从容，两眼注视着我，并轻声地向我道了一声“老师再见!”刹那间，我被深深地感动了。该生的这一举动绝对与所谓的“圣诞平安夜”无关，记得前两天我下课离开时他也这么做了，我没在意。昨天下午第二节下课离开教室时，我再留意这个细节，这位男生同样这么做了，正因为我有了心理准备，我对他微笑着点点头，并说了声“谢谢你”。在我被感动着的同时，脑子里一直在想着这个问题，“和其他同学相比他为什么做得不一样”，“他为什么为我主动开门”，“每次下课他都为每位老师主动开门吗”，尽管开一下门是“举手之劳”，“他主动为老师开门的动因是什么”，在当前教育的大背景下，作为高一学生，“他为什么能做得如此出色”，等等。我没有也不想去向他和他的班主任问明原因，有这份“暖暖的感动”藏在我的心里是多么美好啊!

在此，作为教育人，我还是想做一些推测聊以自慰。首先，我们说“亲其师，信其道”，教师以勤奋敬业的精神和出色的教育教学表现感染着学生，学生也会发自内心地用自己的行动表达对老师的敬意。这启示我们，做出色的教师，用教师的人格魅力去向学生传递正能量；其次，我们说“行动在意识指导下进行”，良好道德品质的形成离不开环境的熏陶。该生的礼仪之举折射了他的良好品质，而良好品质的形成于他所在班级的班风建设和健康的家庭教育息息相关。这启示我们，教育不仅仅是分数，班级文化建设意义深远。父母和家庭是孩子品行的一面镜子，我们要感谢这位孩子的父母和家庭，感谢他们培养了一个健康向上的孩子，感谢他们通过自己孩子的行为对学校教育所起的引领作用。我想，该生的“举手之劳”既不是家长的叮嘱，也不会是班主任下达的任务，应该是他发自内心的自然表现，是他良好品质的自然外化。这启示我们，学生的品德教育不应该是“高大上”，也无须追求宏大的场面和虚无的形式，学生举手投足间合乎礼仪的行为就承载着浓浓的文化品质，“扫一屋，才能够扫天下!”

2014 年 12 月 26 日

内驱力是撬动教师专业成长的支点

我校今年的校本培训于 17 日下午拉开了帷幕，18 日上午的“教师论坛”，我分别听了 Q 老师的《一切从“心”开始》的报告，Z 老师的《认识微课》的报告，两位老师均从教师专业成长的角度谈了自己的经验和体会，既“接地气”，也很真实而出彩，一点也不逊于专家报告。Q 老师 2006 年大学毕业进入我校，9 年时间获得了优质课比赛县、市、省三个一等奖，并被授予“安徽省十佳青年教师”荣誉称号。而 Z 老师 2001 年大学毕业进入我校后，完成了在职教育硕士的学习，并在微课制作和教学中获得省一等奖，应邀到外地指导微课制作或担任微课评选的评委。他们的报告中多次提到“坚持、努力、兴趣、热爱”等高频词，其实这都指向了教师专业成长的“内驱力”，笔者认为，内驱力是撬动教师专业成长的支点，培育内驱力是促进教师专业成长的关键。

浙江临安教育集团的姚灶华关于学校管理撰文指出，那些优秀教师，即使没有严格的制度，他们的工作仍然相当出色。是什么在起作用？显然不是外在的规训，而是他们内心具有的某种东西。自己的成长，很大程度上源于自己的内在动机被激发，而内在动机又源于自己感受到了学校管理中对教师个体的尊重与信任。[1] 美国教育家杜威认为，人类本质里最深刻的驱动力就是渴望具有重要性，希望被赞美。这都从不同的角度指明了，内驱力是一种责任、使命和荣誉。有人认为，教师主动发展的内驱力的产生主要依赖于价值的认同、情感的力量、精神的激励，其中价值认同是核心。

反观当下学校和教育主管部门举办的各类培训或继续教育，为什么未能留住教师的热情？这值得我们深思。近日读《人民教育》第12期罗彦桃《仅靠“学分化”留不住教师继续教育的热情》一文，我深有同感。

我们常说，培训是形成教师专业成长内驱力的“推手”，“每一次的培训都是人生的加油站，是激励教师实践自己教育信念的强大动力。”然而，罗老师在文中指出，“继续教育培训机构在培训我们之前，从没问过我们一线教师面临的难题与困境，没询问过我们究竟需要什么样的支持与帮助”，这种为捞取“学分”的培训“走着走着，就忘记了当初为什么出发”，这种“南辕北辙”的培训不仅留不住教师参与的热情，而且一次次地“耗损”着教师专业成长的内驱力，甚至引发教师的抵触和怀疑，其危害性不言自明。

当下的教育现状，类似于这样的“继续教育”还有不少，比如脱离教学实际而被“做空”的课题研究，目中没有教师的评价，眼中只有分数的所谓绩效……这警醒教育管理者，不仅要牢固树立“教师为本”的理念，而且要有求真务实的工作态度，坚持从群众中来到群众中去的工作方法，遵循自然法则，将教师的这份“福利”做好做实，传递正能量。

我们期待着教师培训早日由被异化的“耗损”回归“推手”的本位。教师培训应该解决问题、提升理念，而不是“走着走着，就忘了当初为什么出发”，不是把培训从促进教师专业成长变成了“捞取学分”。我们期待教师培训可以与时俱进。教育教学环境变化那么快、那么大，教师有时会感到“跟不上”，跟不上学生的变化，跟不上课改的步伐。面对这种情况，以提升教师素质为目标的教师培训更需“跟得

① 姚灶华．从“制度管理”到“名誉管理”．人民教育，2015（14）：30.

上”。教师培训和继续教育不也是教育吗？教育从分数后面“看到人”，追求个性化发展……教育者接受的教育不更应该符合教育规律、体现教育追求吗？

我们对于继续教育培训“责之切”，其实是因为教师们很期待继续学习、终生学习。

2015年8月19日

（注：此文的核心内容作者以“教师期待什么样的培训”为题发表于《人民教育》2015年第15期“观点栏目”）

没有尊重的管教是一种伤害

“7月5日22时左右，店埠镇通济桥旁，路过市民突然发现河中有两人在挣扎，众多市民立刻展开救援，但是遗憾的是，当他们被救起时已经没有了生命体征。两人均是附近某中学高二的学生，男生叫小军(化名)，今年17岁，是本县白龙镇人。女生叫小秀(化名)，今年18岁，本县八斗镇人。”读罢这则微信，我的心被刺痛了，尽管类似的学生自杀消息时常听到，但发生在我身边的这一例，他们自杀的原因我们姑且不论，作为教育工作者，几个问题一直在我的脑海中萦绕，“家长、教师及班主任的‘不当’管教为什么成了学生‘走极端’的推手?”“当下学生的教育还需要管教吗?”“对学生施教我们需要什么样的‘管教’?”推而广之，教育者所谓“好心”的管教，为什么没有收获“好报”，而是“好心”办了“坏事”。笔者认为问题不在于管教的本身，而在于如何正确认识和处理教育者与学生的关系，管教的核心是平等、尊重，管教里没有了尊重，对学生就是一种伤害。

不当管教时常表现为，家长以爱的名义溺爱或放任孩子，课任教师是教而不管，班主任是居高临下地发指令，他们是对教育本质和生命成长规律缺乏足够的认识，是一种懒惰。管教是一种智慧，无论是家长还是教师不是天生就会的，它需要领悟孩子的天性，了解生命成长的规律。教育实践证明，“孩子的优秀美好是他本身就具备的，是他自己生长出来的”。因而，管教是诱导出孩子的优秀美好，不当的管教阻隔了孩子成长希望的通道，久而久之，将会导致孩子健康人格的缺陷，学生的“意外”举动也将随之发生。

随着课程改革的深化，课堂教学中学生主体地位进一步凸显，学生自主学习观念被强化，德育教育也提出学生“自主管理”的主张，加之，教育大气候的变化，教师对学生管教的风险和成本随之加大，家长宁愿多花点钱将孩子送入寄宿制学校一关了事，这都直接指向一种误判，“当下学生的教育无须管教”。殊不知，本质上他们“架空”了对学生教育的管教，这是管教的失控，其结果和危害性显而易见。

那么，对学生施教我们需要什么样的“管教”？《中庸》言：“天命之为性；率性之为道；修道之为教。”三句话道出了教育的本质——关键是个“尊”字。这表明，施教者与学生是平等的关系，尊重是管教的前提，没有尊重的管教对学生是一种伤害。成都华德福学校主班教师吴文冰在《南方周末》撰文指出：“孩子的天性其实是渴望有边界，有管教，希望知道自己在这个世界上应该做什么，什么不应该做。缺乏基本尊重意识的胡萝卜加大棒的管教，是制造教育癌细胞的主因。”①

2015 年 7 月 16 日

① 吴文冰．请看着孩子的眼睛．南方周末，2015 - 06 - 18（20）．

教育答辩，你准备好了吗？

2015年7月30日上午，我应邀到舒城县为招录“义务教育特岗教师”答辩环节做评委，我们第3组共计有22位入围教师参与答辩。答辩设置3道问答题，要求答辩者在15分钟内依次作答。从答辩的过程来看，出彩的不多，存在的问题不少。那么，类似的教育答辩，参与者如何准备？涉及的方面很多，结合本次22位答辩教师现场表现的得失，我就答题的效度谈谈教育答辩的技巧。

认真听题，记录下作答的关键词

答辩的重要一环是听清考官的读题，作为技巧之一，在未听清题目时，可以向考官说明，提请考官再次读题。比如第三题提到有关留守儿童“阅读课外书”的问题，有答辩教师误将“阅读课外书”置于课堂情境，进而回答出教师要反省自己的课堂教学，出现无效作答。又比如第一题的关键词之一是“立德树人”，作答要围绕“德育教育”展开，第二题的关键词是“教书、教学生、教学生学”，作答的侧重点是对“三教”的不同价值判断。再比如第一题作答时指向“落实”，重点应回答“怎样做”；第二题指向对“三教”及其关系的理解，重点应谈自己的认识；第三题指向教育教学中出现问题如何解决，重点应分析问题的成因，提出解决问题的对策。

谨慎思考，厘清思路，简记答辩要点

未经思考的答辩不仅是草率的，也一定是干瘪而灰色的。听题后稍作思考，简记下答辩要点必不可少。现场就出现一位答辩教师每道题只回答了一句话，用时仅 4 分钟就结束了，其效果可想而知。也有答辩教师走向另一极端，先在草稿纸上写出要回答的内容，然后再作答，这样不仅会导致时间紧张，也会给评委留下反应不够灵敏等不良印象。另外，答辩区别于笔试的精髓在于“表达”，评委的关注点在于答辩者的表达。

围绕话题，结合教育教学实践作答

三道辩题的设定一定是不同的话题语境。答辩教师中有人将备考中准备的内容不加区别地生搬硬套而机械作答，这就背离了“围绕话题”作答的原则，这是其一。其二是答辩教师“抛弃”了自己的教育教学实践这一重要的资源，只从教育教学理论等书本知识作答，既无个性特色，也就不会给评委留下深刻印象，难以出彩。不难看出，“围绕话题”是基本要求，结合自己的教育教学实践作答，会为答辩抹上个性化的靓丽色彩。

抓住辩题中逻辑关系，展开深度作答

答辩环节设定为15分钟，就是要让有潜质的答辩教师，能对提出的问题展开做深度的作答。如何做到这一点，避免每道题只用一两句话作答而无话再说，抓住辩题中的逻辑关系是展开深度作答的关键。比如第二题中的“教书、教学生、教学生学”，就涉及教学理念的三重境界，又比如第三题中留守儿童喜欢“阅读课外书”，但每次考试“成绩不理想”，二者之间是何关系，可做辩证分析。以上提到的逻辑关系就为答辩教师展开深度作答留下了“空间”。

综上所述，教师招录设计答辩环节能较好地考查被选拔者的综合素质，其精髓是考查答辩教师的表达能力。出彩的作答，答辩教师一要听清题目，二要稍作思考，三要简记回答的要点，四要紧紧围绕话题，五要结合自己的教育教学实践，六要抓住关键词，凸显逻辑关系。在此基础上，展示出自己的专业素养和个性特色。

2015年7月31日

在实干中提炼、升华

——上海铭师培训心得

2015 年 8 月 1 至 6 日，肥东县教育家培养工程高级研修班在上海铭师培训中心开班，期间我们参观了松江区泗泾二小，格致初级中学，曹杨二中，三个不同学段的学校；听了 8 场不同类别专家的专题报告，可以说感受深、收获大。下面谈三点体会。

一、更新了知识结构

听了教授、博导溪洁人《领导力与领导艺术》的报告，我理解了领导与领导力的区别，认识到一个人领导力的培养与有无领导岗位无关。听了专家倪闽景《让创新成为学校文化的核心元素》的报告，让我知道了什么是教育的“价值空间”，它又可以分为三个部分：校内外资源转化为教育实际的空间；人与人之间发生教育关系的空间；每个人内在的心灵思想空间。倪教授做过校长，曾担任上海市教育局基础教育处处长，他提出的“低结构”思维及其实践，让我耳目一新，进而认识到“低结构是创新的源泉”等新知识。

二、拓宽了知识视野

多位专家的报告中都提到了课程建设对推进课堂改革的重要性。其实，当下一线教师恰恰对课程的思考少，更多的是思考课堂改革，这不仅是视野窄的表现，而且在本质上是思考层级的差异。比如，松江区泗泾二小校长陆建国在解读“每天进步一点点”的学校办学理念，契合了学校发展的积累与积淀，该校开发的校本课程——泥塑，从起步到做大做实，让人为之振奋。又如，倪闽景专家指出，发达国家和我国的发达地区正在建构“创客中心”的学生课程，从课程构建和发展的角度来看，他们已经从国家课程走到校本课程，进而从校本课程走向更高层次的学生课程。再如，国家督学、上海格致中学校长张志敏《教育：从知识走向智慧》的报告，从中外教育比较的视角，引发了我们对授“鱼”与授“渔”的诸多思考。

三、引发了教育价值的新思考

从参观的三个不同学段学校的亲身感受，结合专家报告的启示，引发了我们对当下教育价值的新思考。比如，学校的文化建设为什么重要，我们如何去建构自己学校的独特文化？又如，学校的教育资源如何拓展，怎样用好学校的教育资源？拥有的教育资源如何开发成校本课程？再如，我校与它校比拼的是成绩还是不一样的特色？一校一特色如何落到实处？能否尝试让教师的每节课上得都不一样，可以有集体备课，让每个教师的课堂特色都不一样？等等。专家报告已经从不同的层面，为我们指明了方向，给出了假设的答案，关键是与会者要将点燃的热情付诸实践。

参观了曹杨二中之后，39 岁出任该校校长的王洋为我们作了《我心中的教育家与发展路径》的报告，王校长在近2个小时的报告中以自己在曹杨二中的成长历程为主线，融入了学校的发展构想，从独辟路径办“博雅教育”，到创办上海市中小学社会实践活动课程研究所，无不展现了王校长的过人胆识、领导艺术、扎实践行、稳步推进等个人魅力，赢得了与会人员的高度认同。曹杨二中凸显的精髓，也是我本次培训的最好感悟：在实干中提炼、升华。

2015年8月8日

欣慰中的羞愧

作为班主任的我，每逢教师节收到数条学生祝福短信是常态。今年 9 月 10 日是第 31 个教师节，也是我走上三尺讲台的第 31 个年头。教师节上午学生 F 给我发来短消息，该生是我任 2001 届班主任所带的高中生，现为深圳证券交易所高管，高中学习我对他关注较多，他工作后我们多有联系。现将他发给我的短消息转录如下：

离开校园多年，依然清晰记起当年老师的口头禅："我再耽误三分钟""这道题我讲没讲过""你们是我带过最差的一届""其实你们都不笨，就是一个个不动脑筋""明天叫你家长来一下"……曾经的厌烦与嫌弃，如今已经变成了回忆与怀念。现在回头来看，才发现是那么温馨，难以忘怀！师恩难忘，教师节快乐！敬爱的张老师！

读罢这则充满情感的短信，我的心中是五味杂陈，如同当下的中国股市，感触很深。学生的释然让我欣慰，但回望 15 年前的我作为班主任在学生心目中的形象，让我羞愧难当！现分类反思如下：

"我再耽误三分钟"，这显然是在下课铃响之后说的，"这道题我讲没讲过"应该是在分析试卷时说的。这两句话凸显了教师教学观念的陈旧，教学行为的

"强势"，认为学生是被动接受知识的容器，背离了学生是学习的主体这一理念，固化了教师单向传播知识的角色，学生当然"厌烦"。

"你们是我带过最差的一届"，应该是在成绩分析时说的，"明天叫你家长来一下"，显然是在学生犯错时说的。这两句话凸显了教师和班主任的"霸道"，这种简单而粗暴、毫无教育教学智慧的做派，让现在的我读来都感到汗颜，不知当时对学生的伤害有多大，借此机会，也向我所带过的学生，表示深深的歉意，是你们对老师的不"嫌弃"，促使我走向了成熟，真的要谢谢你们！

"其实你们都不笨，就是一个个不动脑筋"，这句相对温和的批评中也折射了教师教学艺术欠佳且缺乏功力，既然我们承认学生不笨，而又未能达到预期的教学效果，显然不是学生不动脑筋，而是教师"不动脑筋"，根源在于教师教学方式单一、教学方法僵化，将教师的主导作用等同于"强势"与"霸道"，教师因缺乏尊重与平等的意识而未能循循善诱去引领学生"开动脑筋"。

不难看出，当教师未能正确定位师生关系时，我们的施教行为和方式必然背离教育的本真，这对学生来说是一种伤害。反观当下，人们对师生关系淡薄的言论不绝于耳，作为教育者，我想说的是，构建新型的师生关系，你付出了多少？你真的了解和认识你的学生吗？如果你将教师作为谋生的职业，你收获的师生关系只能是淡薄；如果你将教师定位为育人的事业，你收获的师生关系一定是学生的真情回报和真心爱戴！

2015 年 9 月 17 日

同样出彩

2 号晚上，因包同学夫妇从徐州回来省亲，张同学约我和他们一起吃饭，参加的还有邵同学、文同学等几个我在高亮农技校带过的初中学生。席间我提议，请他们简单谈谈各自的人生经历。

包同学大学毕业后，任职于江苏师范大学至今，副教授，在读博士。从体制内正常成长轨迹来看，他是优秀的。文同学大专毕业后分到合肥自行车厂上班，后停薪留职到上海发展，站稳脚跟之后，将工资关系和户口等迁入上海，现定居松江。这是从体制内走出而“下海”的成功例子，他也是优秀的。邵同学描述的经历让我对他刮目相看，他说，20 世纪 80 年代 15 岁初中未毕业的他，瞒着家人，带着上学的口粮和未交的学费，只身去湖州打工，本想学木匠的他，因身材瘦小而未能如愿，改学粉刷工，之后一直做到月收入 1 万元。在一次偶然参观中见到了当时国内最先进的纺织机械，断然决定转行介入，获得了更大的成功。他的那种对市场行情的判断，和自信满满，给我留下了深刻的印象。他应该是体制外成长的佼佼者。

从教近30年了，我带过的初中学生也已经40多岁了，学生们的成长经历各不相同，但是他们在各自的岗位上做得同样出彩，令我欣慰。作为一名教师，我没有理由不相信课堂上的每个学生都是未来的人才，让歧视、不平等见鬼去吧！

2015年10月3日

凸显教师的『身正为范』

2015年9月，一篇《别让李嘉诚跑了》的网络博文，引发了人们的多元思考，其中一篇博文在比较和分析古今中外的富豪影响力之后指出，凡是流芳千古被世人铭记的富豪，不是其财富的巨大，而是其人格的魅力和对公益事业的贡献。教育也是如此，古今中外的教育家身上无不闪耀着人格的独特魅力，他们是“学高为师”与“身正为范”完美结合的典范。人们耳熟能详的教育大家，他们的教育思想，深深根植于他们的“身正为范”。反观当下，人们对师生关系的淡薄与教师有偿家教的指责，显然不是对教师专业能力的怀疑，而是对教师职业道德的质疑。“学高为师”与“身正为范”的撕裂是当下教育广受诟病的原因所在。教育走出困境，是凸显教师“身正为范”的时候了。

非义务教育的高中教学，面对高考成绩，在家长的期望和学校生存、发展压力的裹挟下，“分分计较”的非常态，进一步强化了学科教学的功能，学科教育被边缘化。学科教学只注重知识的传授；而学科教育不仅关注知识的传授，而且关注教师作为“人”的示范性和影响力。学生眼里的教师是一个“全部”的人，而非知识传授的“教学工作者”。师生眼中只有分数，这对学生健康人格的形成是一种伤害。将“求学”异化为“求分”，会直接导致学生对学校和学习产生恐惧而出现厌学和逃避的现象。其实，教师的人格魅力对学生的示范、引领作用一点也不逊于传授知识。人们对“12 年中小学阶段学习的知识，究竟有多少有用”的反思说明，让学生终生怀念的好教师，是那些“身正为范”的教师，而不是学科教学最优秀的教师。凸显教师的“身正为范”，就是回归教育的本真。

当下，各级各类学校对教师的专业成长都极为重视，出台了各种保障措施，这是令人欣喜的，值得肯定。但遗憾的是，关注教师的“身正为范”提升变成了“短板”，“师德建设”陷入了“说起来重要，做起来不要”的尴尬境地。究其原因，注重“学高为师”的显性价值，淡化“身正为范”的隐性价值，这是教育的短视，是教育急功近利的表现。教育的对象是学生，是一个个鲜活的个体，学生绝不是被动接受知识的容器，而是需要教师去点燃的火把。一定程度上，教师的“身正为范”对学生的影响是终生的。私下里教师都有这样的感觉，尖子生认为成绩好是自己勤奋努力的结果，所以师生关系一般；相反，后进生与教师能长久维系良好的师生关系。同样，多年后师生再相聚，谈论最多的话题是教师的某些言行对自己的影响。这都表明，“身正为范”对学生具有恒久的影响力。从注重教师专业成长转向关注“身正为范”的提升，应当成为教育的新常态。

时下的教育，从学科教学到注重教师专业成长，再到发力单一智力因素的提升，三者有其内在逻辑的一致性。这种扭曲的教育排斥了教育的多元价值，这也是人们“吐槽”当下教育种种弊端的原因所在。教育同仁都明白，传授知识、培养学生的智力因素只是教育的一种功能，我们也深知，培养学生的创新能力是教育更加重要的功能。支撑创新的不仅要有智力因素，有时学生的专注力、坚持力等非智力因素显得更有价值。江苏吴江实小的管建刚老师撰文指出：“非智力素养里，最核心、最要培养的是自控力、专注力、坚持力、耐挫力，这些是你一辈子受用的。”[①] 智力因素与非智力因素并重培养应该是我们明智的选择。

---

① 管建刚．从“学科教学”到“学科教育”．人民教育，2015（17）：59.

凸显教师的“身正为范”是对当下教育的纠偏，凸显教师的“身正为范”是教育本质的回归。遵循教育规律，契合自然法则，我们的教育就应该凸显教师的“身正为范”。

2015 年 10 月 17 日

从学生背书转向背问题想到的

近日在检查文科学生知识背诵的情况时，我一改教师问，学生答的传统方式，由学生自主选择背诵内容，我发觉学生晚读背诵的目的性和指向性是模糊的，多数学生的背诵是“小和尚念经，有口无心”，不客气地说，他们的背诵是应付家长、老师，求得自己心理安慰的表现罢了，背诵的效果可想而知。就政治学科而言，学生的背诵当然不是像诵读语文范文一样通篇背诵。

那么，政治学科学生究竟要背诵什么？或者书本里的哪些内容要背诵？这里必须要有“问题”意识，也就是要背“问题”性知识，是选择性背诵，是整体性背诵。为此，我要求学生晚读背书必须要从一般性背书，转向问题性背书。告诉学生，提高诵读的效率，必须要有明确的目的性和指向性。

不难看出，学生漫无目的地背书，不仅是低效的，而且是碎片化的，这不但不利于知识的提取，而且也不便于知识的运用。相反，学生背问题的过程就是对知识进行整理和筛选的过程，这既训练了学生将知识的内在逻辑关系厘清的能力，也有利于学生对所背诵知识的深入理解，更便于学生日后对知识进行提取和运用。

学生背书转向背问题启示我们，教学过程中看似常态的东西，其实有许多值得改进的地方，教改完全可以从一些细微处做起。再者，教师要下大力气将“教”的视角转向学生“学”的视角去观察，你将会发现一片新天地，你将会有“变则通，通则畅”的新体验。

2015 年 12 月 17 日

复习课不可随便

又到了期末复习迎考的节点，在结束新课的教学任务，临近阶段性考试之前，教师都会安排几节迎考复习课。这时的复习课怎么上？不同的学科，同一学科的不同教师自有不同的处理方法。就政史地等文科学科而言，为数不少的老师惯常做法是让学生背书，这种缺少指向性和任务性的“放羊式”的复习课，其效果几乎为零。

之所以效果不佳，原因大致有以下几个方面：其一，就单一的背书而言，笔者观察到，学生的声音大，参与度高，但背诵内容的效度很低，几乎等同于“小和尚念经，有口无心”；其二，就复习课的本义而言，是要对本学期所学的内容进行必要的梳理、整合和提炼，而不是强化单一知识点的记忆；其三，就教师而言，那种将课堂时间交给学生背书，而没有明确要求的做法是草率的、不负责任的。严格意义上说，那不是上课。事实上，上复习课比上新授课更具有挑战性，教师主导作用的发挥变得更加重要。那么，这样的复习课如何呈现呢？笔者认为，教师可以尝试引领学生对所学知识点画一课或一个单元的知识结构图（俗称“知识树”），教师也可以尝试编制非系统性而有针对性的限时练习，比如对正确率低于80%的错题组卷后滚动练习，对所学的某些知识予以巩固和强化。

反观当下高三的复习课堂，同样存在教师“自说自话”而无学生参与的低效现象，且较为普遍。这样的复习课堂大致表现为，教师手握一本早已选定好的复习资料，要么“炒冷饭式”讲解知识考点；要么无针对性地讲解高考真题例题；要么分析周考或段考试卷。这种没有新想法、新形式、新做法的“懒人”思维复习课，既没有教学效度，也将学生“耗”得半死，到头来，教师教得乏味，学生学得头晕，更谈不上兴趣、学科素养和创新能力的培养。

那么，高三复习课如何呈现？我们先来看看辽宁省阜新市第十一学校九年级六班学生李惟嘉在《人民教育》2016 年第一期登载的文章《什么样的教育是好教育》，她在文中说：“你会的，不会的，教师都讲一遍，不觉得很浪费时间吗？我们复习的时候就不一定从头全部学一篇，就挑自己的问题、自己需要的来学。”① 笔者认为，其一，教师要了解学情，有的放矢。学情是上好复习课的起点和基础，了解学情就是从实际出发，找准薄弱环节和提升的方向，而不是对知识考点事无巨细地“炒冷饭”。其二，教师要对知识考点进行重构，构建知识网络。复习课不同于新授课，课型不同方法当然不同。比如高三一轮复习打基础时，可以先由学生将考点知识涉及的所有内容写出来，做到“由薄变厚”，在这一自主学习过程中，学生可以将疑点问题写在问题本上上交给老师，教师根据教学实情进行整合、统筹讲解。同时教师可以引领学生画一个单元的“知识树”，做到“由厚变薄”。其三，要有“问题”意识，用解决问题推进复习。北京十一学校王笃年老师的课堂是根据学生的问题组织教学的，他说：“学生如果没有问题，那我就没什么好讲的。”② 王笃年老师相信问题的力量，认为一个不会提问的学生即使把书背下来也没有用。这对我们高三复习课的启示是，从发现问题入手，以分析问题为主线，为学生搭建学会学习的生态平台，是提高学科能力素养的关键。

我们再来看看学习科学的观点，诞生于 20 世纪中后期的学习科学，从多学科的视角来研究学习，涉及人类学、社会学、语言学、哲学、发展心理学、计算机科学、神经系统科学和心理学学科。学习科学的特色就在于它强

---

① 李惟嘉．什么样的教育是好教育．人民教育，2016（1）．

② 李斌，王笃年．科学界派往课堂的代表．人民教育，2014（5）：71.

调理解性学习。学习科学关注认知的过程。学习科学认为人们是基于已有的知识去建构和理解新知识的。学习科学也强调学习者对学习进行自我调控的重要性。这同样启示我们，与新授课相比，高三复习课更具挑战性，既要把握学生原有的知识水平，又要关注学生学习的过程，还有调动多种元素和手段来组织教学，上好复习课不可随便。

综上所述，无论是高三毕业班，还是非毕业班的高一、高二，上好复习课，“踢好临门一脚”，这对于教师引领学生备考，检验阶段性学习效果，取得优秀成绩意义重大。正如中国教育报刊社对话“好老师”微信与用户分享中，著名特级教师、清华附小校长窦桂梅在回复“君心可晴”时说：“课堂改变，学校才会改变；课堂高效，教育才会高效；课堂优质，学生才会卓越；课堂创新，学生才会创造；课堂进步，教师才会成长。”[①]

2016 年 1 月 14 日

① 俞水，窦桂梅．做有专业有尊严的教师．中国教育报，2015－01－19.

创新赛课散记

在校教科室的统一安排下，为贯彻中央电化教育馆关于征集“2016年新媒体新技术教学应用研讨会暨第九届全国中小学创新（互动）课堂教学实践观摩活动”课例的通知精神，政治学科部于1月15日（周五）下午业务学习时间做了具体的部署，并印发了相关材料。阅读材料后，我在纠结中决定参加这次赛课活动，关于课例类别的选择，考虑过新授课，也考虑过用《综合探究》，最后定下上复习课。我以高二学生复习迎考为切入点，构想用1课时时间，和学生一起提取“应答主观试题的一般技法”。准备本次赛课恰逢“超级寒潮”来袭，师生提前放假，带来诸多不便。尽管如此，我还是克服重重困难，历时11天，从前期的准备、录课、剪辑到最后的上传，完成了这次赛课活动。正如微软创始人比尔·盖茨所说：“成功始于想法，但更重要的，是敢于跨出那一步。”处于知天命之年的我，体会深切。

准备

为了契合应用新媒体新技术，贯彻以学生为主体的课程理念的赛课要求，在反复选择中我定下上复习课

——应答主观试题的一般技法，已是19日（周二）上午，接着开始做PPT课件，随后就课件动画的设计，多次与汪玉祥和张志华老师沟通，21日（周四）上午定稿。但因学生提前放假，周三下午学生离校前，我与高二（1）班的26位同学预约，请他们参加周四下午的录课，并留下了他们的联系电话，周四上午请教科室李主任与实小分校联系，落实了录课教室，同时给26位同学一一发送录课要求的短消息，中午吃完饭放心不下，又回到办公室给26位同学一一打电话确认。

录课

下午请刘老师开车，陈老师陪同，15：3C赶到实小分校，在刘老师、陈老师和实小分校负责录课的史老师的共同合作下，做好了录课前的准备工作。实到21位同学参与了这次录课。16：10录课开始，17：10录课结束。期间因学生的操作不慎，出了一点技术问题，陈老师紧急救场，还算顺利，一次录制完成。

剪辑

22日（周五）上午艰难地填写了赛课的三个表格草稿，随后又多次电话和教体局电教馆刘馆长沟通咨询接下来怎么做，同时和教体局信息中心王主任联系录课的剪辑。下午14：20我在雪花飞舞中开车赶到位于少年宫的教体局信息中心准备剪辑录课，等了1个多小时，因负责剪辑的昂主任外出办事，回不来，约定25日（下周一）上午剪辑。我只好开车回到教育局电教馆，将加盖学校公章的参赛教师信息表交了。下午遇到校网管中心汪主任，为了保险起见，17：00后我请他将赛课录像进行剪辑，19：10抽空和汪老师外出吃了点饭，忙到21：00多才将赛课录像剪辑好，但效果不是很好。23

日（周六）多云，中雪，－10℃。上午我在办公室对照录像课的时间节点，一边扩展赛课要求的三个表格初稿，一边填写电子表格。25日上午8：30，步行到教体局信息中心，请昂主任将赛课的课例录像进行重新剪辑，赛课时长保留为45分钟，并添加了片头和片尾。11：00剪辑结束，效果不错，他们的技术还是更高一筹。

上传

25日中午吃完饭就赶到办公室，先看了一遍剪辑后成型的录像课，没有发现问题，接着对照录像修改表格中时间节点，然后开始登录赛课云平台，填写和提交电子表格，生成的赛课编码为19901，在上传中遇到视频无法上传，请教汪主任予以解决，视频上传用时54分钟，17：00完成上传。26日（周二）8：30去邮局为赛课汇了100（＋2.7）元评审费。最后完成本次赛课的全部工作，随后对电脑上的赛课资料进行了整理。

反思

尽管这次参加赛课的时间紧，时段也很特殊，但是赛课的过程的确是教师专业成长历练的好平台，其中也有不少值得回味和反思的地方。一是提高了自我制作PPT的能力和水平。一些自己原来不考虑的，不会使用的技巧，通过别人的指导和自己的琢磨，得以实现，这是一件令人高兴的事情；二是通过反复观看录像课，发现了自己课堂教学的语言和行为上的一些不足，比如语言不够干练或有不经意的口头禅，教学行为出现了“手插口袋”等松散而不够严谨的表现；三是通过剪辑录像课，认识到一些录制的环节可以完善，比如要与录课人事前进行必要的沟通，告知他哪些画面要重点录下来，哪些内容的录制要完整连贯等；四是学生在特定的录播环境下显得拘谨而放不开，为此，教师在录课前可以告知学生，小组活动的讨论可以常态化且热烈些；五是放映 PPT 不用鼠标而改用遥控笔翻页，不仅可以让教师的教学空间更大、更自由，而且也会使录制的效果更好，重点更加突出；六是恰当使用新媒体新技术对教学内容进行深度整合，不仅可以将传统教学难以实现的教师构想转化为现实，而且可以将教学的内容更加直观、可视、实时地融入教学流程，提升教学效果。同时也有利于契合信息时代下的教学对象的生活常态，贴近学生生活实际，让教学可以在有趣和互动中展开。

总之，赛课的过程是艰苦而繁杂的，但也是充实快乐的。

2016 年 1 月 29 日

做有想法重行动的教育人

2015 年 12 月 27 日，我参加由金榜教育组织的，在太湖一中举办的皖江联盟高三联考成绩分析会。政治学科的主讲人是来自石家庄二中的王国成老师，他的教学和班主任工作做得很出色，尽管应试痕迹明显，但是我的感受是，他是一个有想法重行动的教育人。下面，我就他的高三备考策略和做法，结合我们的实际情况，谈谈自己的感悟。

他说他们的政治备考进行了 4 轮复习，乍一听让人难以置信，4 轮复习的时间从哪来？他的解释是，一轮过高考考点，二轮建构知识体系，三轮抓行为主体解读，四轮做时政专题复习，前两轮主要由学生自主完成，后两轮由教师主导完成。他的想法是：一轮复习夯实基础不是耗时慢进，这不符合记忆规律，正确的做法是通过多轮复习的重复来加深记忆，我认为他的这一想法是有道理的，我们的备考也可以借鉴，看来高三教师死守着某套复习资料来备考的旧方式的确要改一改了。

他的试题训练法让我感受深，启发大。比如他的“12＋2”和“24＋1”的训练法与高考的对应性好，针对性强；又如他将正确率低于 80％的客观题收入错题集，累加到 12 或 24 题后再进行滚动训练，纠错功能大大提升了；再如他对主观题的训练采用学生先做，然后将答案印发给学生，要求学生用红笔在自己做的答案上改，而不是教师批阅。他的理由是，通常情况下学生关注的是教师有没有批阅，给了多少分，这样做不能内化为学生的能力，也不利于学生提升答题的技巧。另外，他对训练题选择的用心、高标准、时效性和原创性的要求也令人钦佩。我的体会是，好想法加勤奋是他走向成功的支撑，我想，我们若和他一样去想去做，也一样会取得成功。

他的推着、逼着学生自己学的做法，看似“应试”，实则契合了新课改的理念，凸显了以学生为主体，遵循了教学规律。这使我再次想到，走向成功必须做有想法、重行动的教育人。

2015 年 12 月 29 日

应对教学评价的优势策略选择略谈

对教与学效度的教学评价其实也是一种多方重复博弈。博弈论（Game Theory）是制定最优化的胜利策略的理论，“就像力学是自然科学的哲学和数学一样，博弈论是社会科学的力学和数学”。博弈论作为一种思考工具，可以对客观世界进行清晰地描述和预测，它告诉我们，每一个博弈者从博弈中所得结果的好坏，不仅取决于自身的策略选择，同时也取决于其他参加者的策略选择。在应对教学评价中引入博弈论思想，会引导教师在开展教学活动中做出优势策略选择，一方面可以提高教师在教学评价中的优势地位，另一方面，可以重构教与学的生态，进而提升教学效果。下面我们以教学“回头看”（复习）为例，来谈谈优势策略选择在教学评价中的应用和取舍。

本学期期中考试临近，为了更好地复习备考，我和学生们一起用了四周的时间，对前期所学的必修 4 的第 1、2、3 单元的内容进行教学“回头看”，期间的主要做法有：做单元练习（辅导资料卷、高考试题卷、学生自主组题卷）；课前任务性知识点背诵；期中考试个人学科总结（得、失、自我诊断、教学建议）等。从教学实践和学生反馈的信息综合分析，可以归纳为以下三个维度的内容。

一、学的维度

通过教学“回头看”，学生看到了自己的不足主要有：(1) 对所学哲学知识的理解是浅表的、零散的。表现为只知主观唯心主义、客观唯心主义的类别，不知其分类的依据；只知矛盾即对立统一，不理解何为对立，何为统一，更不能观照生活中对立统一的表现。(2) 对所学哲学知识的理解是模糊的、一知半解的。表现为概念不清，如唯物论与唯物主义；易混知识点区分不清，如主次矛盾与矛盾的主次方面、从实际出发与具体问题具体分析。(3) 对所学哲学知识的提取、运用是困难的，甚至是无从下手的。由于以上几方面原因的叠加，导致了做题和应试的尴尬，表现为做选择题模棱两可、难以取舍；做主观题时由于把握不住“知识指向”而南辕北辙，失分严重。

可见，了解了学情，教师可以引领学生建构知识体系，引导学生对易混知识点加以比较，启发学生对唯物论与辩证法、世界观与方法论知识点的自由“切换”，和学生一起归纳做题的方法和技巧等，这是从学的维度应对教学评价的优势策略选择。

二、教的维度

通过教学“回头看”，教师看到了自己的非优势策略主要有：

(1) 教学实施的“一厢情愿”是低效的。表现为知识讲解的深度与广度、严谨与通俗、零散与体系等取舍，教师不能“一厢情愿”，它不仅要服从和服务于突出重点、突破难点的需要，而且要贴近学生的生活，最大限度地满足学生的认知需要。如和学生一起画出每框“知识树”，课前检查的任务性背诵就得到了学生的认可。

（2）教师脱离学情的“自说自话”教学是无效的。表现为教师学科语言的使用，核心素养培养的定位，一定要融入学生的学情，教师切忌陷入“自说自话”的误区。如：“坚持两点论和重点论相统一”的教学容量大，知识点相似度高，学生学习难度大。教学实践表明，以主次矛盾和矛盾主次方面的区分为切入点，从“适用范围不同、侧重点不同、‘标志词’不同”等方面列表呈现，加以分析，然后再进行含义、关系原理、方法论要求的教学，这一教材顺序的重构，更加符合学生的认知水平，可以水到渠成地完成教学任务，增强教学效果。

（3）没有练习的跟进和及时的督查落实是失效的。课堂改革的“千变万化”和事物自身存在和发展规律的“千篇一律”是辩证统一的。新授课教学的预习、讲授、练习巩固的基本环节是“一个都不能少”，基本环节可以重构，如翻转课堂，但一定不能删减。教学实践表明，某个教学环节的弱化或缺失的会导致教学效度的失灵。学生也感受到这一问题的存在，作为教师，我也有同样的发现，比对期中考试的学生成绩，我有切肤之痛。我的体会是，没有跟进（和学习新知识同步推进）的练习，新授知识就得不到及时的消化，没有督查的任务布置，教学可能沦为“空头支票”。有教育研究机构发布消息称，“一流的重点学校的学生，自觉主动完成学习任务的比率不超过70%”，这与“教师教得好远不如学生学得好”的潮语指向具有一致性。

可见，脱离学的教是单向活动，它不仅背离了教与学双向互动的基本规律，而且也缺少博弈论互动决策的智慧。教师通过改变自己的教学策略，在引导、强化学生“学”上下足功夫，这是从教的维度应对教学评价的优势策略。

三、评价维度

通过教学“回头看”，我们看到了应对教学评价，课堂教学应切实关注以下着力点，做出优势策略选择。

（1）学情即问题。不同学段、不同层次的学校，学情都是教学发生的“牛鼻子”。“牵牛要牵牛鼻子”就是组织教学的一种优势策略选择。将学情和教学内容相结合而提炼出的“问题”是学生自主尝试学习、设计探究、教师释疑等教学实施的起点和着力点，这也是“问题教学法”的精髓。那种无视学情和问题，为完成教学任务而教学，是与优势策略相背离的。

（2）任务单即引导。自主学习一定是任务性的，没有任务的自主学习，是漠视了教师的主导作用。可见，布置学习任务时明确其目标即引导学生学习，才能提高学习的精准度。比如：背诵可以划定任务，掌握知识点可以开出任务单，做作业练习可以设定任务，且为了体现因材施教、分层教学还可以给不同的学生开出差异化的任务单。实践证明，学生喜欢并认同任务性学习。明确任务的自主学习是一种优势策略选择。

（3）混搭即最优。教无定法，贵在得法。无数教学改革的案例都折射出，没有哪一种教学模式可以包打天下。相关的研究成果表明，学生更喜欢不同教学模式的混搭，混搭即最优。这对我们教师的启示是，一节课、一学期一定不能用僵化的单一模式组织教学，在创新中重构课堂，在教学模式的混搭中赢得学生，收获最佳的教学效果。根据不同教学目标使用混搭教学模式是一种优势策略的选择。

（4）练习出能力。学科能力的培养，少不了一定量的练习。尤其是新授课，缺少练习的跟进，教学目标难以实现，教学的过程可能是“纸上谈兵”，知识的运用无处生根，学科能力的形成也将成为无源之水。这一看似浅显的道理，可能因为教师盲目地追赶进度，或因疏于对学生练习的及时有效督查，而给教学带来严重的后果。可见，练习的及时跟进也应该是应对教学评价的一种优势策略。

（5）督查出效果。从立足于学生“学”的角度来说，教学效果的显现，在教师教学总量不变的情况下，及时有效的督查将会使教学效果倍增。“强势教师”或班主任学科成绩优势现象就折射出这一朴素道理。因此，无论是新教师还是老教师，都不能忽视督查的功效。那种只专注于“教”的研究的教师当警醒，以避免在教学的评价中陷入尴尬境地，而难以走出困局。有效督查是应对教学评价的一种优势策略选择。

可见，教师教学策略的选择，将会带动和影响学生学习状态的改变。遵循教学规律、契合学生认知水平和学习实际的教学策略的实施，将有助于提升教学效果。这是从评价维度应对教学评价的优势策略选择。

综上所述，“他山之石可以攻玉”，博弈论思想对于我们优化教学策略、应对教学评价具有重要的指导意义。

2016 年 5 月 15 日

尊重乃为师之本

20 世纪 70 年代末 80 年代初，我随父亲从乡村学校来到省城一所重点初中插班学习，那时候的城乡，无论是日常生活中的物质需求，还是同学之间、师生之间的交往，都差别巨大。隔阂、孤单、无所适从是我那时的生活常态，幸运的是我遇到了三位刘姓好老师，他们让我走出了低谷，使我身心得以健康发展。以物理刘老师为例，记得那是 1980 年的中秋之夜，父亲回乡帮忙干农活去了，写完作业的我，一个人看着明月发呆，这时刘老师不知如何找到我的住处，出现在我面前，并带给我两块月饼，当时谈话的内容我已不记得了，但刘老师的到访让我终生难忘，至今我和刘老师都保持着联系。关爱一个从乡下来的孩子，源于教师尊重每个学生个体的崇高职业美德，好教师要有良好的职业操守。

初中毕业后我成了一名师范生，1985 年，在第一个教师节来临之际，我走上了三尺讲台，“长大后我就成了你”做了人民教师。刚入行时尽管没有什么先进的教学管理理念，懵懂的我受此影响，在教学和管理中潜移默化地践行着“民主”“平等”，这一和谐的师生关系助推着我的专业成长从成熟走向优秀。20 世纪 90 年代初，我从乡村中学调到县城重点中学任教，学段变了，生源也变了，来自不同地域、不同家庭的学生齐聚一堂，教学、做班主任的我依然秉承“尊重学生个体，促进差异发展”的理念，赢得了师生和家长的认同。1998级新生入学时，我班分来了一位身有残疾的女孩，在我的影响和带动下，老师和班级同学给予她的不是歧视，而是关爱和尊重，这让那位女孩快乐地度过了三年的学习生活。好教师要有“换位思考”意识，尊重学生个体，才能赢得学生的爱戴，进而实现“亲其师，信其道”。

回望教师职业生涯，我已走过近30个春秋。我认为，好教师不仅是职业操守的模范，“换位思考”的智者，而且要有扎实的专业素养，与时俱进的教学智慧。这一过程的锻造，离不开教师自身的潜心读书、继续学习，先贤的“教学相长”观昭示我们，“尊重学生个体”也是教师专业成长的不竭动力。当下有些久站讲台的“好教师”可能丢失了发展的内驱力而高高在上，漠视对学生个体的尊重而蜕变为不受学生欢迎的“老教师”，值得我们警醒和反思。2014届一个理科班的毕业生W在教师节发给我的短信中写道：“虽然您只教我们两年，但我们28班的学生都一直很喜欢您的课。”我想学生喜欢一个老师的课，原因可能有很多，就我的课堂而言，尊重每个学生，在民主和谐的气氛中施教是重要的因素。

《中庸》言：“天命之为性；率性之为道；修道之为教。”三句话道出了教育的本质——关键是个“尊”字。尊重是为师之本，没有尊重的施教对学生是一种伤害。教师懂得尊重，才有平等的师生关系，才有和谐的课堂教学；教师懂得尊重，才能知晓学生的需要而学会取舍，让学生成为学习的主体；教师懂得尊重，才能将新课改理念落到实处，成为名副其实的好教师。

2015年9月4日